Alain Degré · Sylvie Robert

Tippis Welt

Alain Degré · Sylvie Robert

Tippis Welt

Die Lehrjahre unserer Tochter
unter den wilden Tieren Afrikas

Fotografien von Alain Degré

Aus dem Französischen von Claudia Steinitz

Ullstein

Inhalt

Tippi, bitte komm schnell!

Sylvie

Windhoek. Die Namibier sagen Vin'tuk. Das war Tippis erstes Wort. Noch vor Mama und Dadou sang sie »Vintuk, Vintuk, Vintuk« vor sich hin und freute sich über die kleine Explosion der Endsilbe zwischen ihren Lippen.

Als ich wegen der fortgeschrittenen Schwangerschaft nicht mehr mit Alain durch den Busch ziehen konnte, bin ich nach Windhoek gekommen, um hier mein Kind zur Welt zu bringen. Benjamin, ein Freund, den wir 1988 in der Kalahari kennen gelernt haben, hat mich bei sich aufgenommen – in seinem kleinen Haus mit dem winzigen Gärtchen und dem riesigen Grill, der durch den Besuch einer schwangeren Frau endlich seine Nützlichkeit beweist: Benjamin grillt nahrhafte Steaks, die mir helfen sollen, neue, kräftige Zellen zu entwickeln.

Jeden Tag gehe ich in *unser* Haus, um die Bauarbeiten zu überwachen. Wir haben beschlossen, uns anlässlich der Geburt unseres Kindes den Luxus eines festen Daches zu gönnen. Alain wollte nicht, dass ich in einem Zelt, einem erbärmlichen Bungalow oder, schlimmer noch, als Gast in einem fremden Haus sitze, wo mir doch eine der wichtigsten Erfahrungen meines Lebens bevorsteht, die Ankunft jenes Babys, das ich mir so sehr gewünscht habe. Auch ich fand, wir bräuchten ein praktisches und bequemes Zuhause, um das erste Glück der Elternschaft zu genießen und mit Tippi Bekanntschaft zu schließen. Leider gibt es in Windhoek rein gar nichts zu mieten. Die Stadt ist von Tausenden Vertretern der Vereinten Nationen überschwemmt, die hier im Friedensprozess zwischen Südafrika und Angola vermitteln

und die Unabhängigkeit Namibias garantieren sollen. Selbst die kleinste Wohnung wird mit Gold aufgewogen. Deshalb begnügen wir uns mit einem Haus in ziemlich schlechtem Zustand, das ein Freund ausfindig gemacht hat und das wir nun komplett renovieren lassen. Das Parkett wird abgeschliffen und innen und außen alles neu gestrichen, sogar das Dach. Sobald ein Zimmer fertig ist, stelle ich ein schönes, altes Möbelstück hinein, breite ein paar Stoffe und Teppiche aus und hänge Fotos von Erdmännchen an die Wände …, ich baue ein Nest für Tippi.

Meinem Baby wird es an nichts fehlen. Unsere Freunde und Familien schicken aus Frankreich Pakete mit Säuglingswäsche. Ich frage mich, ob sie Angst haben, dass wir unserer afrikanischen Prinzessin einen Lendenschurz aus Baumrinde umbinden. Der große Benjamin mit dem dichten schwarzen Bart kann seine Begeisterung über die Strampler und Spielhöschen aus Paris jedenfalls nicht verbergen. Seine Freundlichkeit berührt mich sehr. Durch ihn fühle ich mich trotz Alains Abwesenheit nicht allzu allein.

Alain

Glücklicherweise gibt es ein großes Funktelefon. Im Damaraland und im Kaokoveld, wo ich an einem umfassenden Programm zur Erfassung der Tierbestände, vor allem der letzten Elefanten in der Wüste, mitarbeite, verbindet mich dieser Apparat mit Sylvie.

Wir sind alle zwei Tage um 7.30 Uhr morgens verabredet. Sobald die Leitung steht und ich ihre Stimme höre, fühle ich mich besser.

Sie sagt, dass alles in Ordnung sei, und ich glaube ihr.

Dann sagt sie, dass sich der Arzt irren würde, wenn er das Schlimmste befürchtet, weil Tippi nicht genug wächst. Auch das glaube ich ihr.

Ihre Stimme klingt überhaupt nicht ängstlich, ganz im Gegenteil. Das Knattern des Empfangsgerätes raubt ihr weder die Wärme noch die Sicherheit. Wenn sie, die Tippi in sich trägt, so ruhig ist, gibt es keinen Grund zur Sorge. Eine Mutter spürt so etwas doch, oder? Also, glaube ich ihr.

Sobald die Verbindung abbricht, quälen mich dennoch Zweifel. Und wenn meine Tochter wirklich in Gefahr ist? Ich hätte niemals erlauben dürfen, dass mich Sylvie während der Schwangerschaft so lange überallhin begleitet. Ich bin so sehr daran gewöhnt, mich auf sie zu verlassen, weil ich weiß, wie stark sie ist. Deshalb habe ich mir keine Gedanken gemacht.

Jetzt bin ich krank vor Sorge. In Gesellschaft der Rangers, die versuchen, mich zu beruhigen – sie sind alle ledig und ohne Anhang, sie haben keine Ahnung –, kuriere ich meine Gemütsverfassung mit Unmengen von Rum.

Wäre doch nur schon morgen, damit Sylvie mich wieder mit guten Nachrichten beruhigt!

Sylvie

Alle zwei Tage kontrolliert der Arzt – ich habe ihn erst im achten Monat aufgesucht – Tippis Herzschlag. Sie ist winzig und wächst kaum. Der Arzt ist sehr besorgt und fürchtet, sie werde nicht lebensfähig sein. Er hat das Geburtsdatum errechnet und teilt mir mit, dass er am Morgen des 4. Juni 1990 die Entbindung einleiten werde. Ich habe immer von einer natürlichen Geburt geträumt, wollte mich einfach in den ewigen Lauf des Lebens einreihen, und nun bin ich nicht imstande, mein Kind ohne medizinische Hilfe zur Welt zu bringen! Am Vorabend des 4. Juni fährt mich Alain, der

wenige Stunden zuvor nach Windhoek zurückgekehrt ist, in die Klinik. Gott sei Dank ist es eine kleine, freundliche Einrichtung, nicht eines dieser anonymen Gebäude, in denen man zur Nummer wird, sobald man die Schwelle übertreten hat. Trotzdem lehnt sich alles in mir gegen den Gedanken auf, dass mein Baby seinen Kokon verlassen soll, ehe es selbst das Bedürfnis dazu verspürt. Natürlich will ich es nicht gefährden, also werde ich mich der Entscheidung des Arztes beugen, aber ich bin verzweifelt, Tippi in ihrem ersten großen Akt der Unabhängigkeit frustrieren zu müssen. Wenn sie sich doch nur entschließen könnte, jetzt zur Welt zu kommen! Und mit all meiner Kraft flehe ich sie an: »Tippi, bitte, komm, komm schnell!«

Den ganzen Tag habe ich damit verbracht, die Einrichtung unseres Hauses zu vollenden. Erschöpft und deprimiert von der Aussicht auf eine erzwun-

gene Geburt, falle ich in der Klinik in tiefen Schlaf, kaum dass ich mich hingelegt habe.

Genau um Mitternacht weckt mich ein Krampf im Bauch. Ich schlafe wieder ein, bis mich erneut ein stechender Schmerz aus meiner Lethargie reißt. Und so vergehen die Stunden unter Schmerzen, Schlafen und ständigem Erwachen. Es ist halb fünf, als ich endlich begreife, dass diese schmerzhaften Krämpfe die Wehen sind. Mein Baby kommt zur Welt. Danke, Tippi! Eine verschlafene Schwester schickt mich ins Bad, ich habe jedes Zeitgefühl verloren. In der Ferne höre ich Stimmen und Rufe. Konzentriert auf die Schmerzwellen, die in immer rascherem Rhythmus heranrollen, ist meine Wahrnehmung stark eingeschränkt. Später erfahre ich, dass die Schwestern und Hebammen überall auf der Station nach mir suchen. Als endlich eine von ihnen die Tür zum Bad öffnet, steht die Entbindung unmittelbar bevor. Ich werde auf ein Rollbett gesetzt und in den Kreißsaal geschoben. Und dann soll ich pressen. Ich lache los. Pressen ist gut! Ich habe keine Ahnung, wie ich das anstellen soll, und außerdem sind die Schmerzen mittlerweile so groß, dass ich gar nichts mehr spüre, keine Kontrolle mehr über meinen Körper habe. Ich lache.

Der Arzt muss mir erst mit einer Zangengeburt drohen, damit ich wieder zur Besinnung komme, gerade lange genug für die große Anstrengung, die meine Tochter das Licht der Welt erblicken lässt. Um acht Uhr hat man mich in den Kreißsaal gebracht. Um acht Uhr fünfunddreißig wird Tippi in einem Feuerwerk des Glücks geboren.

Noch kurz vorher habe ich eine Schwester darum gebeten, Benjamin mitzuteilen, dass die Entbindung bevorsteht. Um Alain zu benachrichtigen, der vor Aufregung zu viel getrunken hat, hätte er fast die Tür unseres Hauses eintreten müssen. Irgendwie

hat sich Alain dann doch bis zur Entbindungsstation geschleppt, aber man hat ihn nicht herein-
gelassen. Eine Schwester sagt mir, dass er wartet.
Erst als die Geburt vorüber ist und ich Tippi im
Arm halte, wird Alain gerufen, der halb ohnmächtig
auf der Wiese vor dem Krankenhaus liegt.
Tippi, das arme Kind mit seiner zerknautschten
Nase, ist ziemlich hässlich, und wir lachen über
ihren lustigen Kopf. Sie kommt gleich in den Brutkasten. Das ist so üblich in Namibia: Man legt alle
Neugeborenen in den Brutkasten, um einen Tempe-
raturschock zu vermeiden. Am Tag von Tippis
Geburt scheint die Sonne, eine herrliche Sonne vor
eisig blauem Winterhimmel.
Vom Flur der Entbindungsstation rufe ich meine

Familie an, so wie all die anderen Frauen, die gerade
entbunden haben, nur dass ich über tausende Kilometer hinweg mit Frankreich telefoniere.
Tippi trägt einen rosafarbenen Strampler. Wenn die
Krankenschwestern oder Pflegerinnen ins Zimmer
kommen, lächeln sie über das *pink baby*. Ich frage
jede von ihnen, was das Wort *shooting star* (Stern-
schnuppe) in ihrer Sprache heißt, in Damara,
Ovambo oder einer anderen: Ich möchte Tippi auch
einen namibischen Namen geben, und nachdem
ich ihre Geburt so ersehnt, so viele Wünsche ausgesprochen habe, wenn ich mit meinem Blick den
Sternschnuppen über der Kalahari folgte, soll sie so
heißen wie diese. Doch entweder verstehen mich
die Schwestern nicht oder die Übersetzung ist zu

kompliziert. So begnüge ich mich mit meiner zweiten Wahl, dem Erdmännchen, das auf Ovambo Okanti heißt.

Schließlich wird mein Baby mit drei Vornamen registriert. Der Botschaftsangestellte verlangt, dass wir zu dem Namen Tippi, den er nicht kennt, noch einen üblichen Vornamen hinzufügen: Wir wählen Benjamine, zu Ehren unseres lieben Freundes Benjamin. Dafür notiert der Beamte dann Okanti, ohne mit der Wimper zu zucken. Tippi, das kleine Erdmännchen, ist damit ordnungsgemäß im Register der französischen Botschaft in Windhoek eingetragen.

Alain

Sylvie hat mir eine Tochter geschenkt. Meine Tochter Tippi ist die erste Französin, die in Namibia geboren wird. Für uns liegt darin eine starke Symbolik.

Im März 1990 wurde die Unabhängigkeit verkündet und die südafrikanische Flagge eingeholt. Drei Monate später kommt Tippi im zweiundfünfzigsten afrikanischen Staat zur Welt, in einem freien Land, bewohnt von freien, gleichberechtigten Menschen. Sie wird mit aller Freiheit und all unserer Liebe aufwachsen, so, wie wir stets selbst zu leben versucht haben. Wir werden mit ihr die weiten Horizonte Afrikas teilen, wo die Natur noch die Unschuld längst vergangener Zeitalter bewahrt hat. Sie wird in den schönsten Landschaften der Welt groß werden, im Kontakt mit wilden Tieren. Ich schenke ihr eine Kindheit im Paradies und hoffe, meine Tochter wird mir dafür die göttliche Gunst gewähren, mitzuerleben wie sie sich im Garten Eden entfaltet.

Die Flucht nach Afrika

Alain

Ich war 35 und hatte das Gefühl, schon alles hinter mir zu haben. Ich hatte in Amerika im Gefängnis gesessen, in Westafrika als Jäger Safaris begleitet, in Frankreich eine Plattenfirma gegründet. Aber nichts hatte mich wirklich zufrieden gestellt. Ich war dabei, alles und mich selbst zu zerstören. Der finanzielle Erfolg ließ mich nicht vergessen, dass mir mein Leben zuwider war. Kurz und gut, ich war absolut kein Umgang für eine Tochter aus gutem Hause.

Sylvie

Nach einem einjährigen Aufenthalt in San Francisco wollte ich nicht wieder nach Lyon in den Schoß meiner Familie zurückkehren. Ich war fest entschlossen, in Paris zu arbeiten. Ein Freund erzählte mir von Alain, der eine Assistentin suchte. Wir verabredeten uns in seiner Plattenfirma in der Rue Pierre-Charron.

Er erwartet mich in einem riesigen, schwarz gestrichenen Büro, sehr düster, sehr beeindruckend. Der schmale Lichtstrahl einer Lampe fällt auf den behauenen Marmorblock, auf dem eine große Glasplatte liegt: sein Arbeitstisch, auf dem nur ein Telefon, ein Blatt Papier und ein Stift zu sehen sind. Im Halbschatten erkenne ich vor dem riesigen Fenster, durch das der graue Dezemberhimmel nur wenig Licht hereinwirft, die Umrisse einer Gestalt. Alain steht auf, um mich zu begrüßen.

Man hat mich gewarnt:

»Du wirst einen alten Haudegen kennen lernen. Er hat ein abenteuerliches Leben hinter sich und ist ziemlich arrogant. Ein komischer Vogel.«

Der Haudegen hat, wie es sich gehört, ein gebräuntes, zerfurchtes Gesicht unter dichten blonden Locken. Die kräftige Gestalt und die breiten Schultern vermitteln einen unglaublichen Eindruck von Kraft, wenn nicht gar Gewalt. Doch sein Blick enthüllt unbestreitbar die Fähigkeit zu träumen. Ehe er auch nur den Mund aufmacht, um mir guten Tag zu sagen, habe ich mich in diesen Mann verliebt, der sich hinter der Fassade des erprobten Abenteurers versteckt. Für uns beide ist es Liebe auf den ersten Blick.

Als ich Alain kennen lernte, verlief sein Leben in geordneten Bahnen: eine Familie mit zwei Kindern, ein Haus in Sèvres und eine vorgezeichnete Karriere im Showbusiness. Doch er war an einem Wendepunkt angelangt. Er ertrug nicht mehr, was er machte, und war genervt von den Leuten, die ihn umgaben. So fanden wir uns zu zweit in meiner winzigen Wohnung an der Place Gaillon wieder.

Ich hatte verschiedene kleine Jobs, bevor ich zu Cartier kam. Eine Freundin arbeitete dort in der Presseabteilung, und als sie aufs Land zurückkehren wollte, bot sie mir an, ihre Stelle zu übernehmen. Später war ich direkt jenem Direktor unterstellt, der mir die Möglichkeit geben sollte, ins Ausland zu gehen. Alain war weiter auf der Suche nach einer neuen Tätigkeit, die ihn erfüllte. Er entdeckte sein Interesse für Fotografie, aber es gelang ihm nicht, etwas Sinnvolles damit anzufangen. Außerdem quälte ihn die Trennung von seinen Söhnen, und er wurde immer depressiver. So konnte es nicht weitergehen. Wir mussten diese Verzweiflungsspirale durchbrechen und Paris schnellstens verlassen. Ich bat meinen Chef, mich in eine andere Filiale zu versetzen, so weit weg wie möglich.

Zwei Wochen später kam ein Anruf:

»Sylvie, kommen Sie bitte in den Konferenzraum.«

Dort saßen fünf, sechs Männer, die ich nicht kannte.

»Ich stelle Ihnen die Verantwortlichen für den Vertrieb der Cartier-Zigaretten in Südafrika vor«, verkündete der Direktor. »Hätten Sie Lust, für einige Zeit zu ihnen nach Johannesburg zu gehen?«

Ich überlegte keine Sekunde, sondern sagte sofort zu.

»Willkommen«, freuten sich die Südafrikaner. »Wir werden gemeinsam wahre Wunder vollbringen.«

Zu Hause begannen Alains Augen sogleich zu leuchten. Toll, Afrika! Er kaufte sich ein Flugticket und zwei gebrauchte Nikon-Kameras.

Wir brachen auf wie bei einer Flucht, ohne uns zu informieren, ohne uns über die Rassenprobleme in Südafrika Gedanken zu machen. Zwischen dem Meeting bei Cartier und unserer Ankunft in Johannesburg (Joburg, wie man dort sagt) verging kaum eine Woche, eine Woche, die wir wie im Traum verbrachten.

Alain

Juni 1984. Ich bin in ein Flugzeug nach Afrika gestiegen und lande in Nordamerika. Aus der Luft erinnert Johannesburg mit seinen Vororten unübersehbar an Los Angeles, nur dass es in Johannesburg noch mehr Swimmingpools gibt. Einer pro Haus. Das habe ich noch in keiner Ecke der Welt erlebt.

Man sieht Neubaugebiete, Highways, Autobahnkreuze …

Vor der Landung verkündet der Steward die Außentemperatur. Ich glaube, ich habe ihn falsch verstanden. Auch Sylvie runzelt die Stirn. Wir kommen mitten im Winter in einer Höhe von mehr als 1.700 m an. Wir haben Anfang Juni, es fällt Schneeregen, und es sind 0 °C.

Nächste Überraschung: die Sauberkeit des Flughafens. Kein Vergleich mit den anderen afrikanischen Ländern, die ich kenne, wo es immer sehr gemächlich zugeht und etwas schmutzig aussieht. Hier in Johannesburg herrschen Reinlichkeit und Ordnung. Die Uniformen der überall präsenten Polizisten erinnern an die der Polizei von Arizona.

Etwas sehr Befremdliches springt uns sofort ins Auge: die Haltung der Schwarzen. Ihre verschlossenen Gesichter, ihre starren Körper, ihre gebeugten Schultern. Normalerweise lachen Schwarze gern. Auf dem Jan-Smuts-Flughafen wirken sie mürrisch und sprechen, ohne uns anzusehen. Jeder Satz endet mit »Master«.

»Darf ich Ihren Koffer nehmen, Master? Taxi, Master?«

Damit ist gleich bei der Ankunft der Ton vorgegeben. Wenn wir noch irgendwelche Hoffnungen oder Illusionen im Hinblick auf das Regime in diesem Land hatten, überzeugen uns die ersten Minuten in

Johannesburg von der alltäglichen, brutalen Realität der Apartheid.

Cartier hat uns eine Limousine geschickt, die uns nach Sandton bringt, in einen vornehmen Vorort von Joburg. Alle »anständigen« Leute wohnen in Sandton. Niemand, außer den Armen und den Schwarzen, wohnt in der Stadt.

Also Sandton. Hochhäuser und Highways: Es gibt keine kleinen Landstraßen, sondern nur Autobahnen. Und auf diesen riesigen Pisten reihen sich vom Rolls bis zum Jaguar die teuersten Autos aneinander. Wenn wir einen normalen Kleinwagen sehen, sitzen garantiert Schwarze drin.

Wir sind in der reichsten und saubersten Ecke der Welt gelandet. Das Herz der Stadt bleibt verborgen. Afrika ist nicht zu sehen. Ich schaue auf meine schöne, neue Fototasche und protestiere:

»Aber wo ist Afrika? Wo ist der Busch?«

»Im Busch war ich auch noch nie«, antwortet der Fahrer. »Der Busch ist weit weg, in den National-parks …«

Unserem Hotel nach zu urteilen, muss der Busch wirklich sehr weit weg sein. Da wir nicht in einer der internationalen Ketten absteigen wollten, hat Sylvie in Paris um etwas Landestypisches gebeten. Nun werden wir in einer Art Lodge erwartet, mit Bungalows im Stil afrikanischer Hütten, allerdings vollkommen künstlich. Eine Touristenfalle, die nur einen Vorteil bietet: die Nähe zum Cartier-Gebäude. Sylvie wird zu Fuß ins Büro gehen können.

In den ersten Tagen in Johannesburg gebe ich mir Mühe, in der Stadt etwas Interessantes zu entdecken. Ich sehe Afrikaner, die Fußball spielen und versuche, mit ihnen ins Gespräch zu kommen, aber es gelingt mir nicht, die Gesichter verschließen sich. Ich gehe spazieren, was kein Weißer hier macht. Nur die Afrikaner sind zu Fuß unterwegs. Ich laufe durch die Einkaufszentren, die Parks, die Grün-anlagen. Ich sehe den Afrikanern zu, die auf den Wiesen das Laub aufsammeln.

Sylvie ergeht es nicht besser. Die südafrikanischen Cartier-Mitarbeiter boykottieren ihre Arbeit, wo sie nur können, und diffamieren sie bei der Zentrale in Paris.

Wenn ich abends nach Hause komme, frage ich Sylvie:

»Wie war dein Tag?«

»Eine Katastrophe«, antwortet sie. »Und deiner?«

Ich raste aus. Ich kann es nicht mehr ertragen, durch öffentliche Gärten und Geschäftsstraßen zu streifen. Wo ist der Busch? Wo sind die Tiere? Ich muss weg. Sylvie tauscht den kleinen Stadtwagen, den sie gemietet hat, gegen einen Kombi: Ich werde darin schlafen, wenn ich Sandton verlassen habe.

»Sie wollen in den Busch?«, fragen die Leute bei Cartier. »Wir helfen Ihnen. Ein paar Anrufe und alles ist geregelt.«

»Geregelt? Ich brauche niemanden. Ich kenne den Busch!«

»Der Busch, das sind hier entweder Ranches oder Nationalparks. Sie fahren in einen Nationalpark: Wir werden Ihnen die Genehmigung besorgen. Natürlich nur, wenn Platz ist.«

Bald teilen sie mir mit, dass eine Reservierung für mich vorgenommen wurde, eine echte Leistung in der Ferienzeit: Die Südafrikaner buchen ihre Buschaufenthalte Monate im Voraus.

»Sie müssen das verstehen, es dürfen jeweils nur 5.000 Autos im Kruger Park sein und keines mehr. Der Naturschutz ist unsere größte Sorge. Vergessen Sie auf keinen Fall die Nummer Ihrer Reservierung, sonst kommen Sie nicht rein.«

Entlang der Straße, die zum Kruger Park führt, löst ein Zaun den anderen ab. Unmöglich, einen Winkel zum Schlafen zu finden. Ich kann nur am Straßenrand parken, vor Gittern oder Stacheldraht. Jeder Quadratmeter ist in Privatbesitz. Jeder Quadratmeter ist umzäunt.

Der Eingang zum Park, den ich schließlich erreiche, wird von unzähligen Rangers bewacht, die einen Strom von Autos voller Urlauber dirigieren. Im Büro wird bestätigt, dass ich angemeldet bin. Es ist genau festgelegt, wann ich in welchem Camp übernachten werde. Ich erhalte eine Karte und ein Exemplar der Vorschriften, der *rules*. Es ist mein erster Kontakt mit dieser Spezialität des Landes, der Liste all jener Dinge, die man nicht tun darf: »You are not allowed to …« Insgesamt zwei Seiten. So ist es beispielsweise verboten, nach Sonnenuntergang ins Camp zurückzukehren, andernfalls findet man das Tor verschlossen und muss ein Bußgeld zahlen. Am ersten Tag folge ich den anderen Wagen: Jedes

Mal, wenn ein Löwe in der Ferne auftaucht, bleiben fünfzig Autos stehen, um ihn zu beobachten. Ich mache kein einziges Foto.

Am nächsten Tag finde ich kleine Wege, auf denen ich allein zu sein glaube. Es gibt zwar nichts zu sehen, aber ich fühle mich wohl, so weit weg von den anderen. Die endlose Auflistung der »You are not allowed …« legt fest, dass ich außerhalb der gekennzeichneten Pfade nicht parken und keinen Fuß auf den Boden setzen darf.

Irgendwann habe ich genug davon, ich halte an, um zu pinkeln, und gehe drei Schritte in den Wald. Ein Auto hält neben mir. Der entsetzte Fahrer ruft mich zurück:

»Mister, was machen Sie da? Ist Ihnen nicht klar, wie gefährlich das ist? Hier könnten Löwen sein!«

Der Südafrikaner, der einen Nationalpark besucht, fühlt sich dort im Allgemeinen nicht viel wohler als der Pariser, der den Nachmittag im Safaripark Thoiry verbringt. Er hat keine Ahnung. Natürlich hat er viele Bücher gelesen und sich über den Naturschutz informiert, aber im Busch ist er genauso Tourist wie alle anderen.

Ich verfahre mich ein bisschen und vergesse die Zeit. Obwohl ich auf dem Rückweg die erlaubte Geschwindigkeit stark überschreite, finde ich das Tor verriegelt, als ich beim Camp ankomme. Schließlich funktioniert dann doch die Nummer des ahnungslosen Franzosen und ein Zerberus mit Schulterstücken lässt mich herein.

Diese letzte Aktion hat mich völlig erledigt. Ein Blick ins Restaurant überzeugt mich, dass ich auf das Essen verzichten kann. In meinem Bungalow im Military-Stil kann ich vor Wut die ganze Nacht nicht schlafen.

Als ich am nächsten Morgen vor meiner Tür die Karte studiere, kommt ein Ranger vorbei, der etwas weniger verkniffen aussieht als die anderen. Hello. Schönes Wetter für einen Ausflug. Er heißt Jim. Als ich ihm meinen Namen sage, schaut er mich neugierig an.

»Franzose? Willkommen! Sind Sie zum ersten Mal in Südafrika?«

»Ja, aber ich kenne mich gut in Westafrika aus. Ich habe Erfahrung mit dem Busch.«

Und ich erkläre ihm, dass ich hergekommen bin, um Fotos zu machen. Ich spreche von Obervolta und der Elfenbeinküste … Mein Englisch wird immer besser, als ich ihm erzähle, wie ich gelernt habe, die Tiere zu respektieren und mich ihnen zu nähern. Am Ende sage ich:

»Hier sind sie noch zahlreicher und sehr schön, aber es gibt einfach zu viele Menschen. Ich bin sehr enttäuscht.«

Jim hat Mitleid. Er kann nicht viel für mich tun: Ohne Spezialerlaubnis habe ich keine Chance, die gekennzeichneten Wege zu verlassen, geschweige denn, mich zu Fuß im Busch herumzutreiben. Doch diejenigen, die den Busch und die wilden Tiere lieben, helfen einander. Er zeigt mir eine weniger frequentierte Strecke. Und so fahre ich über kleine Straßen, auf denen keine Menschenseele zu sehen ist. Ich halte an und gehe zu Fuß weiter, folge den Elefantenspuren. Endlich! Ich lebe auf. Dieser erneute, so heiß ersehnte Kontakt mit der Natur ist für mich wie eine Befreiung. Erfüllt vom Glück, in diese großartige Landschaft einzutauchen, kümmere ich mich nicht mehr um Vorschriften und Bußgelder. Es kommt mir vor, als sei ich unsichtbar geworden. Und tatsächlich sieht mich niemand, sodass ich auch keine Schwierigkeiten bekomme. Dieser Zustand der Gnade dauert mehrere Tage an. Schließlich mache ich die ersten Fotos.

Sylvie

Alains erste Tierfotos erinnern an Jagdtrophäen. Er fotografierte, als würde er mit dem Gewehr schießen. Er verhielt sich wie ein Jäger, der mit einer Kamera bewaffnet ist. Er spürte die Tiere auf, folgte ihren Fährten, ging ganz dicht heran, viel dichter als mit einem Karabiner ... Jedes Bild kam einer Beute gleich. Mithilfe der Fotografie konnte er endlich seinen Traum verwirklichen: Afrika entdecken, ohne zu töten, und vor allem, dem Himmel sei Dank, ohne mit Jägern Umgang zu pflegen.

Alain

Fasziniert von der Vielzahl der Tiere und von den Landschaften des verlorenen Paradieses, die noch wunderbarer sind als im übrigen Afrika, kehre ich aus dem Kruger Park zurück. Die Kompetenz der Südafrikaner in Sachen Naturschutz und ihre Aufmerksamkeit für die Tiere beeindrucken mich – in jener Zeit wird der Star des Kruger Parks, ein riesiger Elefant, Tag und Nacht von zwei Leibwächtern bewacht, zwei Afrikanern, die ihm zu Fuß oder per Fahrrad ständig folgen. Aber ich kann mich nicht damit abfinden, dass man mich wie einen Unzurechnungsfähigen behandelt. Ich ertrage die strikten *rules* nicht. Wie kann ich ihnen entkommen? Auf einer Ranch?

Bei einem Cartier-Diner lernen wir einen etwas linkischen Playboy kennen, den Sohn eines belgischen Milliardärs, der eine Kette von Duty-free-Shops besitzt. Er redet unaufhörlich von seiner Ranch. Ich stoße Sylvie mit dem Ellbogen an und flüstere: »Sieh zu, dass er uns einlädt.« Sie erklärt ihrem Nachbarn, wie enttäuscht ich sei,

meinen schönen Beruf als Tierfotograf nicht ausüben zu können. Einen Moment später lächelt mich der Belgier an.

»Wenn Sie Tiere sehen wollen, kein Problem. Kommen Sie auf meine Ranch, drei Stunden von Joburg entfernt. Ich gehe mit meinen Gästen auch gerne auf die Jagd.«

Er empfängt uns auf einem riesigen Grundbesitz und weist mit einer weiten Handbewegung auf seine Tennisplätze und die Antilopenherden, die wenig später wie bei einer Parade vor den Visieren der Purdey-Büchsen aufmarschieren.

Es ist wunderbar ... Wenn man nicht zu genau hinschaut. Auf der Ranch wimmelt es von Tieren, und viele verhungern, weil nicht genug Gras da ist. Der Belgier muss für teures Geld Heu kaufen. Überall verwesen tote Tiere. Letztendlich sind mir die Nationalparks doch noch lieber.

Trotzdem spiele ich meine Rolle als Fotograf ganz ordentlich. Ich wechsele die Objektive schneller als ein Profi, ich mache Aufnahmen aus dem fahrenden Wagen, ich springe heraus und fotografiere dabei weiter. Der perfekte, erfahrene Reporter, wie man ihn in Filmen sieht, ein unermüdlicher Bilderjäger.

Marty de Kock, den wir bei einer Party kennen gelernt haben, entwickelt meine ersten Fotos. Ich werde den Moment nicht vergessen, da ich sie vor Augen habe. Ich seufze enttäuscht. Marty versucht mich zu beruhigen:

»Es sind doch außergewöhnliche Bilder dabei. Einen Elefanten, der sich im Schlamm wälzt, sieht man nicht jeden Tag!«

Mag sein, aber alle Bilder sind technisch mangelhaft. Das Fotografieren ist ein Beruf, den man nicht einfach so erfindet. Ein Beruf, der nichts mit Impro-

visation zu tun hat. Meine *shots* haben nur eine
einzige Qualität: das Motiv. Alles andere ist unbe-
friedigend. Ich muss die Prüfung wiederholen.

Als ich eines Abends in einer der Buchhandlungen
von Johannesburg wieder einmal in unzähligen
Büchern über Tiere blättere, winkt mich Sylvie zu
sich ans Ende des Regals. Sie zeigt mir ein Foto auf
der Rückseite eines Bandes über die Fauna Südafrikas.

»Schau mal. Was sind das für drollige Tierchen?
Findest du sie nicht entzückend?«

Ihr Gesicht, das in letzter Zeit oft traurig wirkt,
strahlt. Und ich lächele wie sie, als ich mir die beiden
jungen Erdmännchen ansehe. Sie wurden von hinten fotografiert, eins steht, das andere sitzt, und ihre
kleinen, schmalen Silhouetten zeichnen sich vor
dem roten Sand ab. Wir wollen sofort mehr wissen.

»Das Erdmännchen oder Scharrtier ist unser Tier, es
gehört zu Südafrika. Eine Art Manguste, die in der
Kalahariwüste lebt.«

»Und wo ist die Kalahariwüste?«

»Sie können hinfahren. Dort gibt es einen Nationalpark.«

»Kommen Sie mir nicht mit Nationalparks. Zeigen
Sie mir die Strecke auf der Karte … Heiliger Stroh-
sack, ist das weit!«

»Ja, es ist weit, aber bei uns sind die Straßen und
selbst die Pisten in sehr gutem Zustand.«

Will heißen: Hier ist es nicht wie im Rest Afrikas,
wir sind zivilisiert!

»Sie meinen, man kann mit einem normalen Auto
dorthin fahren?«

»Natürlich! Ich könnte sogar mit meinem BMW
hinfahren.«

Ich drehe mich zu Sylvie um:

»Und wenn ich morgen früh aufbrechen würde?«

39

Das große Abenteuer

Alain

Und schon bin ich unterwegs, fahre durch die unberührten Landschaften Südafrikas. Ohne Jeep kann man die Kalahari nur durch den Nationalpark erreichen. Das hätte ich ahnen müssen. Ich fühle mich erneut betrogen. Schnell aber lässt mich die Wüste alles vergessen. Sie ist unvergleichlich mit ihrem weißen Licht und dem roten Sand.

Die wenigen Menschen, denen ich begegne, werden immer merkwürdiger. Hier spricht man kein Wort Englisch. Nur Afrikaans. Bei den Wachleuten herrscht totale Verständnislosigkeit, als ich am Tor des Camps ankomme. Im Empfangsbüro von Twee Revieren sind Touristen ohnehin selten und dann auch noch ein Franzose … Schließlich bekomme ich einen Bungalow, einen Plan und natürlich die in Englisch verfassten *rules*.

Als sich das Tor hinter mir geschlossen hat, fahre ich über eine Sandpiste an einem ausgetrockneten Fluss entlang … Ich habe das Reich der Erdmännchen betreten. Mit dem Fernglas um den Hals mache ich mich auf die Suche nach ihnen.

Die nächsten drei Tage komme ich nicht mehr in meinen Bungalow zurück. Nach zweitägiger Suche entdecke ich in großer Entfernung endlich eine Gruppe von Erdmännchen und rase mit dem Auto nach Upington, um Sylvie anzurufen:

»Du musst unbedingt kommen, es ist wundervoll.«
»Aber ich bin krank.«
»Dann erst recht, ich bin sicher, dass du hier gesund wirst. Nimm das erste Flugzeug. Ich fahre noch mal in die Wüste zurück, dann hole ich dich ab.«

Am vereinbarten Tag komme ich viel zu früh in Upington an, mitten in der Nacht, nach mehrstündiger Autofahrt. Ich schlafe im Kombi neben dem Flugplatz. Endlich landet die Maschine, die Passagiere steigen aus, doch von Sylvie keine Spur. Ich warte eine Viertelstunde. Immer noch nichts. Es muss im letzten Moment etwas passiert sein, sodass sie nicht fliegen konnte. Ich versuche, die aufsteigende Bitterkeit zu verdrängen. Pech für sie, ich fahre zurück zu den Erdmännchen.

Nach ein paar Kilometern legt sich die Enttäuschung, ich atme wieder ruhiger. Es kann nicht sein, dass Sylvie nicht gekommen ist, sie musste einfach dieses Flugzeug nehmen. Ich mache kehrt. Wieder der Flugplatz. Und dort, neben der Treppe, steht eine zarte, von zwei Stewards gestützte Gestalt. Sylvie schwankt und fällt mir fast in die Arme.

»Wenn du wüsstest … Ich habe Fieber, es geht mir wirklich schlecht. Ich habe während des ganzen Fluges geschlafen. Und als wir gelandet sind, stand überall: ›Lungawe‹. Da habe ich den Kopf zur Seite gedreht und bin wieder eingeschlafen. Irgendwann

hörte ich dann, dass der Motor gestartet wurde, und fragte, wann wir in Upington ankämen. Der Steward bat mich, die Frage zu wiederholen, dann sagte er: ›Aber wir sind doch in Upington und gleich fliegen wir wieder los!‹ Stell dir vor, Alain, ›Lungawe‹ heißt in Afrikaans einfach Flugplatz! Sie haben überall Flugplatz rangeschrieben, aber nirgends den Namen der Stadt.«

Sylvie

Ich hatte eine entsetzliche Woche hinter mir. Meine Beziehungen zu Cartier-Südafrika hatten sich weiter verschlechtert. Als ich krank wurde, zeigte sich erst das ganze Ausmaß meiner Unbeliebtheit. Keiner meiner Kollegen kam mich besuchen oder bot mir Hilfe an. Von allen verlassen, klapperte ich in meinem eisigen Bungalow mit den Zähnen. Ich aß fast gar nichts mehr und wog gerade mal 44 Kilo. Dann kam der Anruf von Alain. Als er mich am Flugplatz in die Arme nahm, war ich völlig entkräftet. Er trug mich bis zum Kombi, klappte die Sitze um, bettete mich bequem, und ich schlief ein. Alain raste durch Wolken von rotem Staub, und ich schlief. Ich machte die Augen erst wieder auf, als der Wagen vor dem Tor des *Kalahari Gemsbok Park* hielt. Alain brachte mich direkt zum 200 km entfernten Nossob-Camp. Ein paar Hütten am Ende der Welt. Dort wohnten nur ein Ranger und ein Wissenschaftlerpaar, das die Flora und Fauna studierte. Anette und Mike Knight wurden später unsere besten Freunde.

Als ich aus dem Wagen steige, habe ich immer noch leichtes Fieber und bin von Kopf bis Fuß mit ockerfarbenem Staub bedeckt. Doch ich bin glücklich.

Schon mit den ersten Atemzügen spüre ich, dass mir die trockene Luft außerordentlich gut tut. Ich fühle mich gleich sehr viel besser und bin so froh, Alain zu sehen. Er hat seine Lebenslust und Begeisterung wiedergefunden. Seine Stimme zittert, als er von der Wüste und den Erdmännchen erzählt.

»Du wirst selbst sehen, Sylvie. Es wird dir gefallen.« Wir sind praktisch allein. Es gibt keine anderen Gäste in dieser seltsamen Welt. Angesichts der grandiosen Umgebung, der Einsamkeit und der kleinen Wesen mit der Statur von Außerirdischen gleicht unser Abenteuer einem Spaziergang auf dem Mond.

Doch wo sind die Erdmännchen? Sicher ganz nah, denn Alain hat sie gesehen, aber wo? Mehrmals glauben wir, sie endlich entdeckt zu haben. Doch aus der Nähe entpuppen sich die hübschen Tiere, die Löcher in den Sand graben, als Erdhörnchen mit buschigem Schwanz. Welch eine Enttäuschung! Jeden Morgen, sobald sich das Tor des Camps öffnet, machen wir uns auf die Suche. Aber die Kalahari ist so unendlich groß und ein Erdmännchen so klein. Uns schmerzen die Augen vom Absuchen der Dünen, wenn wir ins Camp zurückkehren. Alles ist vergeblich.

Eines Abends kommt Anette, die sich über die merkwürdigen »Frenchies« gleichermaßen amüsiert und wundert, aus ihrer Hütte. Sie hält uns wohl für etwas verrückt:

»Ihr sucht wirklich Erdmännchen?«

»Ja, warum?«

»Hier gibt es ohnehin nicht viele Touristen. Aber wer die Reise macht, sucht Löwen … keine Erdmännchen.«

»Löwen kenne ich schon«, erklärt Alain. »Erdmännchen nicht … Der Beweis: Es gelingt mir nicht, sie zu finden.«

»Es gibt eine kleine Gruppe von Erdmännchen, die man relativ oft sieht, direkt vor dem Eingang zum Camp.«

Am nächsten Morgen sitzen wir vor Sonnenaufgang in unserem Kombi an der angegebenen Stelle.

Mit den ersten Sonnenstrahlen strecken die Erdmännchen ihre zarten Köpfe aus den Löchern – ein zauberhafter Anblick.

Den ganzen Tag bleiben wir bei brennender Hitze begeistert im geschlossenen Wagen sitzen. Wir denken nicht daran, einen Fuß hinauszusetzen, den Fotoapparat hervorzuholen, ja nur die Tür zu öffnen. Die wenigen Menschen, die das Nossob-Camp betreten oder verlassen, sehen den Kombi mitten in der Sonne stehen und darin die zwei halb gerösteten Frenchies.

Bei Sonnenuntergang gelingt Alain wie durch ein Wunder ein fantastisches Foto, wie er es nie mehr wiederholen wird: die Erdmännchenfamilie auf einer Düne im goldenen, warmen Abendlicht. Ein magisches Bild, dessen Charme auch viele Jahre später seine Wirkung nicht verloren hat. Von diesem Augenblick an waren wir verrückt nach den Erdmännchen.

In den wenigen Tagen, die ich noch im Camp ver-bringe, leben wir im Rhythmus dieser kleinen Gruppe. Sie hat ihre gewohnten Wege im Bett des ausgetrockneten Flusses, der die Grenze zwischen Südafrika und Botswana markiert. Wenn sie auf die andere Seite geht, können wir ihr nicht folgen. Wir warten, wir spähen, wir gehen etwas weiter hinunter. Wie schüchterne, aber hartnäckige Verehrer. Ohne Mühe unterwerfen wir uns diesem bescheidenen Dasein, das uns an das Leben der Pioniere erinnert. Wenn wir abends zurückkommen, müssen wir etwas essen. Alain hat einen kleinen Kocher mitgebracht, auf dem wir Konserven, Bohnen und Würstchen aufwärmen. Das Camp lebt in seinem Winterrhythmus: Um 19 Uhr wird der Generator abgeschaltet und alle Lampen gehen aus.

Im Licht einer Kerze raucht Alain noch eine Zigarette. Rings um uns herrscht Stille. Alle seit unserer Ankunft in Joburg angestauten Spannungen lösen sich in einem atemberaubenden Gefühl von Wohlbehagen, das uns die Suche nach den Erdmännchen

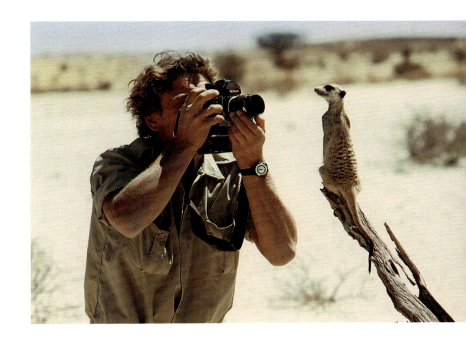

im Herzen einer der größten Wüsten des Planeten verschafft. Jetzt wissen wir, weshalb wir nach Südafrika gekommen sind!

Alain

Nach ein paar Tagen muss Sylvie zurückfahren. Als ich eine Woche später nach Johannesburg komme, hat sie eine Entscheidung getroffen, die eigentlich schon feststand, als sie im *Gemsbok Park* zum ersten Mal die Augen öffnete. Sie ist bereit, mit mir einer unvorstellbaren Herausforderung zu begegnen: In der dem Menschen feindlichen Welt, in der sie leben, wollen wir uns den kleinen, anmutigen Tieren nähern, die wir durch das Fernglas oder Teleobjektiv gesehen haben, und sie fotografieren.

Das große Abenteuer beginnt in kleinen Schritten. Unser Schlachtplan sieht vor, dass Sylvie so lange wie möglich bei Cartier »ausharren« muss, um besser zu verstehen, was hier im Lande vorgeht. Inzwischen werde ich nach einem gebrauchten Jeep Ausschau halten.
Man empfiehlt mir einen Citroën-Vertragshändler. Als ich den Laden betrete, herrscht ein unglaubliches Chaos und die schwarzen Angestellten denken gar nicht daran, wie anderswo in Hab-acht-Stellung zu erstarren. Als ich nach ihrem Chef frage, der Franzose sein soll, taucht zwischen zwei verstaubten Mercedes ein kleiner, kugelrunder Mann auf, der mich mit schriller Stimme begrüßt:
»Sie kommen aus Frankreich? Was für eine schöne Überraschung!«
Henri Billet ist weit über fünfzig und glücklich, von Schwarzen umgeben zu sein, denn er liebt diese Menschen. Meine Geschichte interessiert ihn, er

möchte Sylvie kennen lernen und lädt uns in sein Haus in den Bergen ein.
Als wir zum ersten Mal bei ihm essen, sitzen sechs Schwarze mit uns am Tisch. Zuerst trauen sie sich nicht, etwas zu sagen, bewegen sich kaum, halten die Köpfe gesenkt, die Hände auf den Knien.
»Aber wenn ich euch doch sage, dass Alain und Sylvie Freunde sind«, wiederholt Billet immer wieder. »Sie mögen die Afrikaner. Entspannt euch! Alles in Ordnung, wir sind unter Freunden.«
Ziemlich schnell fallen die Schranken, das gute Essen und der Wein tun ihre Wirkung. Billet hebt sein Glas, er hat etwas zu viel getrunken und redet ununterbrochen. Ich höre schon gar nicht mehr zu, außerdem habe auch ich einen Schwips. Ich beobachte Sylvie, eine Beschäftigung, derer ich niemals müde werde. Sylvie ist strahlend schön, als sie sich mir zuwendet.
»Alain, was hältst du davon?«
Im Kopf spule ich die letzte Szene zurück, aber ich hatte offenbar einen Filmriss. Wovon spricht sie?
Aufs Geratewohl frage ich: »Jetzt?«
Und Billet antwortet, mit lautem Lachen:
»Klar, ihr könnt kommen, wann ihr wollt. Ich habe viel Platz. So viel, dass sich hier sogar eine Schlange eingenistet hat.«
Endlich habe ich verstanden. Henri Billet lädt uns ein, bei ihm zu wohnen. Und mein Geist war ausgerechnet in dem Moment auf Abwegen, als dieser schicksalhafte Vorschlag ausgesprochen wurde …

Sylvie

Die Schlange hat sich im Strohdach eingenistet. Abends glauben wir, sie manchmal zu hören, wenn sie über die trockenen Halme gleitet. Henri

Billet meint, es sei eine Boomslang, eine Baum-
schlange, deren Gift tödlich ist. Doch diese hier hat
bisher noch niemandem etwas zuleide getan, und
der Hausherr hat sich mit ihrer Anwesenheit
abgefunden. Ich dagegen kann nicht mehr schlafen
vor Angst.

»Weißt du, Henri«, versucht Alain zu erklären, »es
ist nicht ganz ungefährlich, mit dieser Schlange
zusammenzuleben. Früher oder später wird sie auf
unser Bett fallen.«

»Du hast Recht«, gibt Henri zu. »Aber du bist doch

ein Meisterschütze. Schnapp dir eine Flinte und
bring sie um. Ich komme mit.«

Beide beginnen, in das Dach zu schießen. Vergeblich.
Das Stroh ist wie ein Schutzschild. Deshalb be-
schließen sie, die Schlange mit Stöcken und Zangen
aus ihrem Versteck zu jagen. Das Reptil hält stand.
Durch einen Spalt zwischen den Strohbündeln
gelingt es Alain dann doch, ein Stück des Tieres zu
erwischen. Es ist wirklich eine Boomslang von
schönem, glänzendem Grün. Alain zieht weiter an
ihr. Das Dach bewegt sich, eine große Schlinge

kommt zum Vorschein, aber das Tier ist offensichtlich noch viel länger.

»Wenn ich weitermache, fällt sie uns auf den Kopf«, warnt Alain.

Auf den ersten Blick flößt die Boomslang nicht so große Angst ein wie andere, weniger giftige Reptilien, weil sie sehr scheu ist. Aber der Unglückliche, den sie beißt, hat keine Chance: Es gibt kein Serum gegen ihr Gift.

Deshalb ruft Henri einen Fachmann mit einer langen Spezialzange. Diesem gelingt es schließlich, die Schlange herauszuziehen. Er traut seinen Augen nicht: Fünfzehn Jahre arbeitet er in diesem Beruf, aber noch nie hat er ein so langes Exemplar gesehen: fast drei Meter.

Mich schüttelt es heute noch.

Alain

Natürlich finden wir einen billigen Jeep«, behauptet Billet. Unsere Bedenken fegt er mit einer Handbewegung beiseite: »Wenn es einen packt, darf man nicht zögern. Was soll's, wenn ihr nicht viel Geld habt, ihr werdet schon klarkommen.«

Und zum Auftakt bietet er uns Kost und Logis. Abends schmieden wir mit ziemlich blinder Begeisterung Pläne, während Sylvie noch immer von Zweifeln geplagt wird. Ich verschließe die Augen vor vielen Problemen, vor allem vor Sylvies beruflicher Situation bei Cartier.

»Du musst erst mal zurück nach Paris. Du wirst ja sehen, ob du alles auf einmal weitermachen kannst, Erdmännchen, Kalahari, unsere Geschichte und deinen Job als Presseattaché.«

Insgeheim bin ich überzeugt, dass sie nicht bei Cartier bleiben kann, doch ich hüte mich, es ihr einzureden. Sie überlegt laut:

»Und wenn ich keine Lösung finde?«

Sylvie

Ich hatte das Gefühl, am Rand eines Abgrunds zu stehen und mit geschlossenen Augen hinunterspringen zu müssen. Ich glaubte an die Unabhängigkeit, vor allem an die finanzielle. Seit ich siebzehn war, hatte ich mich immer allein durchgeschlagen. Ich fand, dass ich viel Glück gehabt hatte, ohne Diplom und fast ohne Beziehungen diesen Job als Presseattaché zu ergattern, der mir in Paris unheimlich viel Spaß gemacht hatte.

Im Flugzeug, das mich nach Frankreich zurückbrachte, schwirrte mir der Kopf vor lauter Widersprüchen.

Ich erwog das »Wider«: Ich war siebenundzwanzig, hatte einen tollen Job und einen wunderbaren Chef. Ich, das kleine Mädchen aus Lyon, konnte mir keine Karriere vorstellen, die meinen Kindheitsträumen mehr entsprochen hätte. Ich verdiente gut, machte interessante Dinge und traf oft sehr unterhaltsame Leute.

Ich erwog das »Für«: Alain, die Kalahari, die Erdmännchen. Auf der einen Seite die Vernunft, auf der anderen die Leidenschaft.

Eine unvernünftige Leidenschaft würde mich in eine Unternehmung treiben, bei der ich möglicherweise nicht nur mein kleines bisschen Komfort verlieren würde, sondern, was ich viel schlimmer fand, auch meine Unabhängigkeit. Bei der Aussicht, keine eigene Einkommensquelle mehr zu haben und mein Schicksal an das von Alain zu binden, überkamen mich ganz existenzielle Ängste: Wie würde mein Leben fortan aussehen? Und noch prosaischer: Wie würde ich mich ernähren?

Alain, ein größerer Draufgänger als ich und viel weniger in gesellschaftliche Strukturen eingebunden, stellte sich all diese Fragen nicht.

»Ich verstehe dich nicht«, hatte er mir erklärt. »Du hast die Kalahari gesehen, du hast die Erdmännchen gesehen, du hast Lust, dorthin zu gehen, na gut, dann gehen wir. Es wird nicht leicht, aber jetzt ist das Ziel klar. Ich verstehe nicht, warum du plötzlich zögerst.«

An der Place Vendôme wurde ich nicht mit Jubelgeschrei empfangen. Mein Chef war verärgert über die negativen Berichte aus Johannesburg. Ich verteidigte mich gegen die ungerechten Vorwürfe und konnte alle Anschuldigungen entkräften. Doch eines war bald klar: Ich musste das Unternehmen verlassen. Der durch die Diffamierungskampagne aufgerissene Graben ließ sich nicht mehr schließen. Cartier und ich trennten uns im Guten. Zumindest half mir diese schmerzhafte Angelegenheit, mich zu entscheiden. Nichts hielt mich mehr zurück. Nichts hinderte mich daran, mich kopfüber ins Unbekannte zu stürzen. Und wenn ich auch noch eine leichte Sorge spürte, so sagte ich mir, dass die Erinnerung an meine Ängste die außergewöhnliche Geschichte, die jetzt begann, nur noch wunderbarer machen würde.

Alain

Nach Sylvies Abreise integriert mich Henri Billet in seine Zulu-Schar: Ich sitze den ganzen Tag in seiner folkloristischen Werkstatt und höre seine Geschichten. Das alles amüsiert mich. Aber es

bringt die geplante Expedition in die Kalahari keinen Zentimeter voran. »Wenn es so weitergeht, sind wir immer noch am selben Punkt, wenn Sylvie zurückkommt«, sage ich zu Billet.

»Du hast Recht«, gibt er zu.

»Wir müssen uns endlich um euren Jeep kümmern.«

Jetzt beginnt die Tournee der Schrottplätze: Mit einem Budget von kaum mehr als 10.000 Francs hat es keinen Sinn, woanders zu suchen. Schließlich finden wir einen Jeep Wagoneer. Mehr als 25 Jahre alt, völlig abgefahrene Reifen, die Windschutzscheibe voller Risse, und Ölflecken unter dem Motor.

»Billige Reifen treibe ich auf«, versichert mir Henri. »Ich baue dir einen Dachgepäckträger und bringe den Motor auf Vordermann. Na gut, der Kühler ist ziemlich vergammelt, aber das kriegen wir schon hin.«

Ich kaufe den Wagen, und wir bringen ihn in Henris Garage. Nach einigen Tagen Bastelei ist der Jeep fertig. Er funkelt und blitzt mit seinen wunderschönen neuen Radkappen.

Auf dem Parkplatz des Jan-Smuts-Flughafens traut Sylvie ihren Augen nicht. Ich umarme sie fest und bete, dass der Motor eine Weile durchhält. Begeistert flüstert sie mir ins Ohr:

»Es ist also wahr, wir können fahren, wann wir wollen?«

Unser Reisegepäck beschränkt sich auf eine Gasflasche, zwei Benzinkanister, ein paar Konserven, einen Schlafsack so dünn wie Zigarettenpapier, in dem wir zu zweit schlafen werden, und ein winziges Zelt aus leichtem Stoff.

Sylvie hat etwas Geld mitgebracht, das ein, zwei Monate reichen kann, wenn wir unnötige Ausgaben vermeiden.

Im Tal der Erdmännchen

Alain

Hoffentlich schafft der Jeep die 1.500 Kilometer bis zum Tor des Nationalparks! Henri Billet hat sich selbst übertroffen. Nach zwei Dritteln der Strecke erreichen wir am Rande der Kalahari ein Nest namens Van Zylsrus.

Wir stellen unser Zelt in der Nähe der Polizeistation auf, was sich im Dunkeln als Abenteuer erweist. Es ist wie ein Stabilbaukastenspiel, mit Zeltpflöcken, die ineinander rutschen … Das Ergebnis sieht so elegant aus wie eine zerquetschte Kartoffel, doch wenn man einmal auf den Ellbogen hineingekrochen ist, dann ist es ganz wunderbar. Niemand hat je etwas Genialeres erfunden als einen Doppelschlafsack in einem verlausten Kaff vor einer Polizeistation: Wir lieben uns und schlafen zum ersten Mal auf dem roten Sand der Kalahari.

Noch sechs oder sieben Stunden Fahrt bis Nossob.

Am nächsten Tag wirbelt der Staub ins Auto, und ich sehe nur noch Sylvies glänzende blaue Augen. Hundert Kilometer vor dem Eingang zum Park beginnt der Motor zu rauchen. Der Kühler ist kaputt und verliert Wasser. Ich komme gerade noch bis zu einer hässlichen Betonfarm, wo ein alter Mann notdürftig den Kühler repariert und uns zwei 25-Liter-Kanister borgt, damit wir Wasser nachfüllen können – die

Buren sind immer sehr hilfsbereit. Etwa zehn Kilometer vor dem Park geht gar nichts mehr. Ich kann nur noch ganz langsam mit offener Motorhaube fahren, während Sylvie neben dem Wagen her rennt und das restliche Wasser hineingießt. In Sichtweite des großen Tores von Twee Revieren kommt der Wagen dann endgültig zum Stehen. Sylvie holt Hilfe und die Rangers schleppen uns ab. Sie haben eine gut ausgestattete Werkstatt, in der sie den Wagen über Nacht reparieren, sodass wir am nächsten Morgen nach Nossob weiterfahren können. Unterwegs mache ich Fotos. Ich habe endlich ein paar grundlegende Regeln verstanden, zum Beispiel, dass man den Wagen besser anhält, ehe man abdrückt. Aus Schaden wird man klug.

Im Nossob-Camp sitzt Anette hinter ihrem Schreibtisch:

»Hello Frenchies!«

»Hello Anette! Wie geht's? Und Mike? Und den Erdmännchen?«

»Immer noch die Erdmännchen?«

Fassungslos betrachtet sie den Jeep. Sie ist fasziniert von unserem Enthusiasmus und entsetzt über unsere Naivität. Nachdem sie im Camp eine Ecke für uns gefunden hat, bringt sie uns *rusks* zum Essen, allerdings ohne Bedienungsanleitung. Bald werden wir lernen, dass man diese kleinen, getrockneten, steinharten Brötchen in Kaffee oder Tee tauchen

muss, um sie aufzuweichen. Bis dahin droht unseren Zähnen höchste Gefahr.

Als wir das kleine Zelt auseinander falten, traut Anette ihren Augen nicht:

»Wisst ihr, dass letzte Woche –5 °C waren und vor einem Monat –10 °C?«

Unsere Unterkunft wird zunehmend erbärmlicher. Offenbar haben wir in Van Zylsrus ein paar wichtige Pflöcke vergessen. Doch schließlich ist alles irgendwie verstaut, auch die Decke, die Anette uns bringt, nachdem sie unseren Schlafsack gesehen hat.

Unsere Erdmännchen sind lange nicht mehr aufgetaucht. Diese Tiere leben auf einem Territorium von zehn Quadratkilometern. Sechs Monte sind sie da, dann ziehen sie weiter, unter Umständen auch in die Dünen, wohin wir ihnen nicht folgen dürfen …

Am ersten Tag sind keine Erdmännchen zu sehen. Am zweiten und am dritten Tag auch nicht. Wir glauben, ein paar Gruppen zu entdecken, aber nur durch das Fernglas, zu weit weg, um Fotos zu machen. Erste Zweifel überkommen uns Und wenn wir sie nun überhaupt nicht mehr wiederfinden?

»Da ihr keine Erlaubnis habt, die Piste zu verlassen, kann es euch durchaus passieren, dass ihr am Ende gar nichts seht«, bestätigt Anette teilnahmsvoll. »Sprecht mal mit dem Iren. Er ist Student und seit zwei Wochen hier, um eure kleinen Lieblinge zu beobachten.«

Sean Doolan hat sein schäbiges Zelt weit abseits aufgestellt, denn er fühlt sich nicht richtig wohl im Land der Burenkriege. Der vierundzwanzigjährige Zoologiestudent aus Oxford hat nur ein ganz kleines Stipendium, gerade genug, um zu überleben. Er ist auch nicht sehr gut ausgerüstet. Immerhin hat er einen Landrover, wenn auch nicht das neueste Modell.

»Ich habe vorher noch nie einen Fuß nach Afrika gesetzt«, erklärt er uns. »Ich hätte einen weniger wilden Ort vorgezogen. Hier verbringe ich die meiste Zeit damit, mich in den Dünen zu verlaufen. Der Wind macht mich fertig. Morgens komme ich nicht aus dem Bett und jeden zweiten Tag sind die Erdmännchen schon weg, wenn ich eintreffe. Ich fühle mich hier einfach nicht wohl. Vielleicht habe ich mit euch etwas mehr Glück, denn ihr kennt Afrika und macht Fotos. Allerdings habt ihr keine Genehmigung. Ich werde auch ständig kontrolliert. Aber wenn wir es trotzdem riskieren?«

Seine Erdmännchen leben auf einer Düne, die er die rosa Düne nennt.

Sylvie

Um möglichst unbemerkt zu bleiben, brechen wir lange nach ihm auf. Mit dem Finger hat er uns die Karte in den Sand gezeichnet: »Hinter der Kurve siehst du links einen Baumstamm liegen. Den musst du wegtragen und dann den Weg nehmen, der über den Gipfel führt.«

Ziemlich aufgeregt bei der Vorstellung, die Erdmännchen wieder zu sehen und dabei gleichzeitig die *rules* zu verletzen, legen wir den Baumstamm wieder über den Weg, den Sean uns aufgezeichnet hat, und fahren bis zu der berühmten Düne. Ihre Farbe erklärt sich aus ihrer Lage zwischen dem weißen Sand des ausgetrockneten Nossob-Flusses und dem Meer der roten Dünen. Die Sandkörner, die der Wind von beiden Seiten heranträgt, haben sich an ihren Hängen gemischt. Von oben sieht man das Flussbett und den kleinen ausgetrockneten Kwang-Pan-See, der von einer rissigen Kruste bedeckt ist, auf der kein Grashalm wächst. Die Düne selbst gleicht einem Minenfeld voller Krater, Löcher und Tunnel. Erdhörnchen rennen über das verwüstete Terrain. Bald werden wir feststellen, dass diese gemütlichen und etwas dümmlichen Pflanzenfresser mit rundem Bauch, buschigem Schwanz und weit auseinander stehenden Augen die Prügelknaben der

viel durchtriebeneren Erdmännchen sind, die ihr Territorium erobern und sich gern über sie lustig machen.

Sean sitzt unter einer Akazie inmitten seiner Papiere, die mit Graphiken und Notizen bedeckt sind. Keine Erdmännchen in Sicht. Vielleicht ist dies ein Tag »ohne«? Vielleicht hat er sie verloren, wie es ihm oft passiert? Aber nein. Mit dem Kopf weist er auf ein schattiges Plätzchen ganz in seiner Nähe. Dort liegt ein Erdmännchen lang ausgestreckt in tiefem Schlaf. Als wir uns nähern, öffnet es ein Auge, schließt es wieder und rührt sich nicht. Etwas weiter entfernt halten andere Erdmännchen ihre Mittagsruhe. Zum ersten Mal können wir sie aus der Nähe sehen, ohne dass sie weglaufen. Sie haben dank Seans Annäherungsarbeit keine Angst vor uns und lassen sich bewundern. Überglücklich genießen Alain und ich jede Sekunde dieses unvergleichlichen Tages. Unsere Begeisterung amüsiert Sean, für den wir wahrscheinlich wie Idioten aussehen.

Als nach der Siesta unter der Aufsicht eines hoch aufgerichteten Spähers für die Erdmännchen die Jagd beginnt, versuchen wir, die einzelnen Tiere voneinander zu unterscheiden, ihren Charakter zu verstehen und die Regeln zu erfassen, die in der Gruppe herrschen.

Die Erdmännchen erfüllen all unsere Hoffnungen. Wir sind fasziniert, sie haben wirklich alle Tugenden: Sie sind schön mit ihren großen Augen, der kleinen schwarzen Maske, der feinen Schnauze, dem kleinen, beweglichen Körper, und sie sind intelligent, reizend und lustig. Sie albern miteinander herum und ärgern die Erdhörnchen.

Uns Menschen beachten sie nicht. Für diese Tiere, die in ihrem natürlichen Umfeld leben, stellen wir weder eine Gefahr noch eine Verlockung dar, also existieren wir nicht. Das Leben geht weiter, ob mit

oder ohne uns ist egal. Ein Mal, ein einziges Mal, wird es nach Jahren engsten Zusammenlebens einen direkten Blickkontakt mit den Erdmännchen geben. Eines Tages, die Dreharbeiten zu unserem zweiten Dokumentarfilm sind gerade abgeschlossen, stellen wir fest, dass die Jungtiere aus der Gruppe verschwunden sind. Als ich den Bauch des dominanten Weibchens berühre und mit ihm spreche (»Was ist passiert, hast du deine Babys verloren?«), dreht es sich zu mir um, sieht mir in die Augen und stößt einen klagenden Schrei aus …

In all der übrigen Zeit nehmen uns die Erdmännchen überhaupt nicht wahr. Mit dem seltsamen Gefühl, durchsichtig zu sein, sehen wir sie jagen, graben und spielen. Sean ist uns in der Beobachtung zwei Wochen voraus:

»Seht ihr den dort? Wenn er so gräbt, findet er eine Larve. Der andere dort sucht eher einen Skorpion.« Und das Erdmännchen scharrt heftig, bis es eine schöne, saftige weiße Larve herauszieht, während sein Gefährte einen kleinen Skorpion aufscheucht, den er an seinem Stachel packt und genüsslich wie eine große Garnele verzehrt. Nur die beiden Zangen ragen ihm noch aus dem Mund. Er hat keine Angst vor dem Gift, will sich aber nicht in die Nase kneifen lassen.

Schon an diesem ersten Tag ahnen wir, dass in der kleinen Gesellschaft komplizierte Gesetze herrschen, die auf Solidarität und Zärtlichkeit beruhen. Die ideale Gruppe besteht aus etwa zwölf Tieren, die untereinander niemals aggressiv sind, aber gemeinsam einem Feind entgegentreten können, der sehr viel größer ist als sie. Diese gegenseitige Hilfe ist das Unterpfand ihres Überlebens. Ein einzelnes Erdmännchen ist zum Tode verurteilt, es lässt sich widerstandslos von einem Raubtier verschlingen, während es selbst auf der Jagd ist, um Nahrung zu

Deckung. Auf diese Weise ist auch die Sicherheit der Jungen gewährleistet, die von allen Gruppenmitgliedern umsorgt werden. In jeder Kolonie ist immer nur ein einziges Weibchen für die Fortpflanzung verantwortlich. Nach elf Wochen Tragezeit bringt sie zwei bis fünf Junge zur Welt. Oft hilft ihr eine Amme beim Stillen, ein junges Weibchen, das Milch produziert, obwohl es sich nie gepaart hat. Die Kleinen verbringen die ersten drei Wochen im Bau, dann werden sie vom gesamten Stamm in das Wüstenleben eingeführt. Jeden Morgen richten sich die Erdmännchen auf ihren Hinterbeinen auf, wenn sie aus ihrem Loch kommen, und bieten ihre kleine, goldgelbe Brust in einem gleichsam rituellen Gruß den ersten Sonnenstrahlen dar. Jeden Abend, ehe sie verschwinden, versammeln sich alle Tiere am Bau, um zu spielen, einander zu liebkosen und die letzten Sonnenstrahlen zu genießen. Sobald die Sonne hinter dem Horizont versinkt, verschwinden die Erdmännchen. Der erste Gecko stößt seinen rauen Schrei aus, ein anderer antwortet ihm, dann ein dritter …, und nach ein paar Minuten hallt die Wüste von ihren Rufen wider.

An diesem ersten Tag auf der rosa Düne bringen wir die Erdmännchen »ins Bett«, ehe wir wortlos ins Camp zurückkehren. Dieser so heiß herbeigesehnte Kontakt wird über die nächsten Jahre unseres Lebens entscheiden. Von nun an sind wir süchtig nach den Erdmännchen. Wir werden sechs Jahre mit ihnen in der Kalahari verbringen, abgesehen von der Zeit, die wir immer wieder benötigen, um neues Geld zu beschaffen.

Von dieser unvergesslichen Phase unseres Lebens, in der wir von ihnen akzeptiert und auf ihrem Territorium geduldet wurden, zeugen zahlreiche Fotos, zwei Bücher und die beiden Filme, durch die wir weltweit als Erdmännchenspezialisten anerkannt wurden.

finden. Um sich zu schützen, hat die Gemeinschaft ein ausgeklügeltes Wachsystem entwickelt. Während die erwachsenen Erdmännchen mit der Suche nach Eidechsen oder Heuschrecken beschäftigt sind, und dabei regelmäßig einen kurzen Schrei ausstoßen, der ihre Anwesenheit signalisiert und die Gefährten über die Situation in ihrem Jagdgebiet informiert, überwacht ein Späher die Wüste. Er sitzt auf einem toten Baum oder einem Strauch und dreht den Kopf wie einen Radarschirm in alle Richtungen. Er sieht alles, was sich in einem Umkreis von mindestens 500 m bewegt. Wenn in der Ferne ein Feind auftaucht – Schakal, Adler oder Wildkatze, um nur die wichtigsten zu nennen –, schlägt der Späher Alarm und in Sekundenschnelle gehen alle Tiere in

Im Süden Afrikas genießt der Schutz der Natur und der wild lebenden Tiere höchste Priorität. Der Artenreichtum ist ein Erbe, um das sich jeder sorgt. Zoologen und Tierfotografen werden als National-helden angesehen. Unsere Leidenschaft für die kleine Kalahari-Manguste, unsere lange Liebes-geschichte mit ihr und die Bilder, die wir aus der Wüste mitbrachten, haben uns berühmt gemacht. Radio und Fernsehen boten uns eine Plattform, unsere Fotos wurden in der größten Galerie von Johannesburg ausgestellt. Auf der Straße erkannten uns die Menschen. Wir waren die »meerkat-people«, die Erdmännchen-Menschen.

Alain

Es gibt viele Menschen, denen wir zu Dank verpflichtet sind für die wunderbaren Jahre in der Kalahari. Ganz oben auf der Liste stehen das *National Parks Board*, die hervorragende Organisa-tion, die sich um den Naturschutz kümmert und für die *rules* verantwortlich ist, sowie jener Mann, der für deren Durchsetzung im Kalahari-Nationalpark sorgt, dessen Direktor, Elias Le Riche.
Nachdem die *rules* lange Zeit das größte Hindernis für unser Abenteuer mit den Erdmännchen gewesen waren, schützten sie uns: Außer einigen Wissen-schaftlern konnte niemand all die Ausnahmen erwirken, die uns gewährt wurden. Deshalb sind wir die Einzigen, die mit den Erdmännchen lebten.
Elias Le Riche schenkte uns Vertrauen. Er galt als Drachen, und wer von ihm sprach, senkte vor Angst die Stimme. Er hatte uns lange beobachtet und Informationen über uns eingeholt, ehe er uns nach Twee Revieren bestellte. Unsere ersten Eskapaden jenseits der offiziellen Pisten hatte er geduldet, weil

ihm unsere verrückte Geschichte gefiel. Was er über uns hörte, gefiel ihm ebenfalls: Die Frenchies wilderten nicht, sie respektierten die Natur, sie redeten von nichts anderem als den Erdmännchen, sie waren verrückt vor Freude, in der Kalahari zu sein.
Von diesem Mann hing unser Schicksal ab. Er war der Herr der Wüste, er erteilte die Genehmigungen, wir brauchten seine Zustimmung, um unseren Traum zu leben. Und er verweigerte uns nichts. Mehr noch: Er half uns, er ermutigte uns und infor-mierte uns über Erdmännchenkolonien, die er während seiner Rundfahrten beobachtet hatte. Er erlaubte mir, einen Karabiner und eine Pistole zu tragen. Er erlaubte unserem Freund Marty de Kock, im Heißluftballon über die Wüste zu fliegen … All das hatte man in den Annalen des *Parks Board* noch

nie gesehen. Als wir Le Riche unser Anliegen vortrugen, als wir ihm unsere Leidenschaft für die Kalahari und für diese kleinen Tierchen offenbarten, die wir von nahem sehen wollten, wurde er weich. Diese Franzosen liebten zweifellos die Kalahari, deshalb verdienten sie Respekt. Er hörte uns lange zu und begann selbst ein wenig zu erzählen: Er war sozusagen in der Kalahari geboren. Sein Vater hatte den Nationalpark gegründet. Er war stolz darauf und nutzte seine Macht, um dessen Werk fortzusetzen. Normalerweise musste man sich jede Erlaubnis von ihm erkämpfen, ihn Tag für Tag, Stunde für Stunde über jeden Schritt informieren,

den man unternahm. Uns erlaubte er alles. Anette und Mike konnten es nicht fassen.
»Ich träume! Le Riche freundlich?«, wunderte sich Anette. »Le Riche lässt euch machen, was ihr wollt? Ihr habt ihn unter Drogen gesetzt!«
»Er hat nur eine Tasse Tee getrunken.«
»Ihr habt Tee mit Le Riche getrunken? Nicht zu fassen!«
»Weißt du, dass er sogar scherzen kann? Als ich ihn um eine Genehmigung bat, sagte er: ›Nein!‹ und erfreute sich an unserem empörten Schweigen, ehe er ergänzte: ›Nein, ich sehe keinen Grund, sie Ihnen zu verweigern …‹«

Die Kalahari-Story

Sylvie

Es stimmt, Le Riche machte uns das königliche Geschenk der Freiheit, doch den Schlüssel zu diesem Königreich gaben uns die Erdmännchen. Innerhalb ihres großen Jagdgebietes beschränkte sich die Kolonie auf die Erforschung einer Düne im Halbkreis um den Pan, ein ausgetrockneter See, in den einst der Fluss mündete. Ein Gebiet, in dem ihre winzigen Spuren die Abdrücke von drei männlichen ausgewachsenen Löwen kreuzten. Ein paar abgestorbene Bäume und dornige Büsche auf dem roten Sand. Kein Grashalm. Die Tiere der Kalahari können ganz oder weitgehend ohne Wasser leben. Das Wasser ist da, aber so tief unter der Erde, dass man graben muss, um es zu finden, manchmal bis zu 100 m tief. Die winzigen Erdmännchen haben sich diesem Leben mit all seinen Gefahren angepasst. So auch der Verfolgung durch die Raubtiere, die nach ihrem Blut gieren. Ihr Überlebensgeheimnis liegt in der gegenseitigen Hilfe, die ihnen ein harmonisches Verhältnis zu dieser strengen Natur ermöglicht. Innerhalb der Kolonie gibt es weder Rivalitäten noch Streitereien. Mit einem schelmischen Humor, der uns bezaubert, genießen sie die kleinen Freuden des Alltags: das Sonnenbad, die gegenseitigen Liebkosungen, die Jagd und die köstlich knackigen Skorpione.

Seit Wochen sind unsere Bemühungen an einem toten Punkt angelangt. Die äußerst langsamen und vorsichtigen Annäherungsversuche haben uns etwa zwanzig Meter an die Gruppe herangebracht, doch keinen Schritt weiter. Und plötzlich, an einem Tag, der wie die anderen begonnen hat, verlässt ein Weibchen, das ich Small White nenne, weil es so klein ist und ein helles Fell hat, ihre Kameraden und läuft direkt auf uns zu. Sie klettert auf Alain, der auf der Erde sitzt, und hockt sich auf das Objektiv seiner Nikon. Wir sind akzeptiert, und die Eintrittskarte, die uns Small White soeben ausgestellt hat, öffnet uns das Tor zur gesamten Wüste. Eigentlich kann der Mensch es hier nur aushalten, wenn er den Buschmännern folgt. Es gibt nur eine andere Möglichkeit, um zu überleben, und wir sind die Einzigen, die diese Erfahrung gemacht haben: bei den Erdmännchen leben. Zunächst haben sie uns geschützt. Unter der Aufsicht des Spähers, der die Annäherung jedes Feindes meldet, waren wir in Sicherheit. Dann haben unsere Gastgeber uns die Geheimnisse der Wüste gelehrt. Indem wir sie beobachteten und ihnen beim Jagen zusahen, lernten wir zu schauen, Spuren zu lesen und Gefahren vorherzusehen. Ich erkenne heute sehr rasch alles, was sich bewegt, Alain ebenfalls. Niemals wurden er oder ich während unserer sechs Jahre in der Kalahari von einer Schlange gebissen

oder von einem Skorpion gestochen, obwohl diese charmanten Tierchen dort zu Hause sind. Wir entdeckten sie immer im rechten Moment. Die Skorpione, die sich abends zu Dutzenden um unsere Lampe versammelten, wurden lebendig gefangen, wie Süßigkeiten in Gläser gesteckt und dann auf dem Territorium der Erdmännchen freigelassen. Alain meint, ich würde Schlangen anziehen, und tatsächlich begegne ich ihnen oft. Selbst bei der gelben Kobra, die eines Tages aus dem Wasserkessel sprang, in dem sie sich zusammengerollt hatte, behielt ich einen kühlen Kopf und reagierte blitzschnell. Eine Frage der Gewohnheit.

Als aufmerksame Schüler lernten wir von den Erdmännchen auch, große Tiere zu erkennen, die manchmal reglos und weit weg waren. Wenn mehr als 500 m entfernt ein Löwe auf einer Düne seinen Mittagsschlaf hielt, musste sich nur seine Mähne ein wenig bewegen, damit wir ihn bemerkten. Der Späher der Erdmännchen hatte uns gelehrt, diese winzige Bewegung nicht mit dem Spiel des Windes in einem trockenen Grasbüschel zu verwechseln. Jedes Mal, wenn wir die Kalahari verlassen mussten,

weinte ich. Ich liebkoste Small White, ihren kleinen Bruder, Le Petit Jaune und Cicatrice, die Mutter der Gruppe, ich liebkoste sie alle wie Kinder, so wie das Kind, das ich mir wünschte und eines Tages haben würde.

An meine Eltern schrieb ich im Februar 1988 einen Brief, der zeigt, wie glücklich ich mit meinem neuen Leben war:

»Es ist Sonntag 16 Uhr. Ich sitze am Tisch unter einem Moskitonetz und bin von Milliarden summenden Fliegen umgeben. Léon, das Chamäleon sitzt neben mir in seinem Glas, er hat sich heute für ein kräftiges Gelb entschieden, weil wir eine Pampelmuse neben ihn gelegt haben. Er ist herrlich. Wir haben ihn seit zwei Tagen und wollen ihn in unserem nächsten Film zu einem Star machen. Es wird Zeit, dass er sich sein Essen selbst verdient, denn Alain jagt ständig Heuschrecken für ihn. Seit unserer Rückkehr gibt es viele gute Neuigkeiten: Als wir ins Camp kamen, stand ein Hubschrauber neben unseren Zelten. Am nächsten Tag flogen wir über das Erdmännchen-Tal, ein märchenhaftes Erlebnis. Alain filmte natürlich so viel er konnte. Unser Film entwickelt sich langsam zu einer Megaproduktion, wenn man bedenkt, wie viel ein Flug mit dem Hubschrauber kostet. Der Pilot war mit dem Tierarzt gekommen, der die Oryxantilopen und Gnus einschläfern soll, damit Mike ihnen Bänder mit Minisendern anlegen kann. Er wohnt in Skukuza im Kruger Park und hat uns eingeladen, dort zu fliegen, wann immer wir wollen. Eine schöne Überraschung: Cicatrice hat uns fünf Junge geschenkt. Das ist enorm, aber sie war auch enorm dick. Genau drei Wochen nach ihrer Geburt sind sie zum ersten Mal aus der Erde gekommen. Die Erdmännchen wissen nicht mehr, wo ihnen der Kopf steht mit ihren Fünflingen.

Eine weitere gute Nachricht betrifft die englische Ausgabe unseres Buches: Ich habe am Tag unserer Abreise nach Nossob mit dem Verleger telefoniert, und Krauses haben ihm ein Buch geschickt. Er hat einen Vertrag über 5.000 Exemplare abgeschlossen, aber ich hätte gern mehr. Ich werde zum Direktor des *Parks Board* gehen, der ein Fan unseres Films ist. Ich will erreichen, dass er unser Buch in allen Parks verteilen lässt. Der Kruger Park hat zum Beispiel 300.000 Gäste im Jahr. Stellen wir uns vor, 1 % davon würde unser Buch kaufen … Nicht schlecht! Wenn ich das erreiche, wird die Auflage vielleicht erhöht.

Die letzte sensationelle Neuigkeit: Zum ersten Mal in der Geschichte der Parks haben wir die Erlaubnis erhalten, im Ballon zu fliegen. Am 27. Februar sind wir mit unserem Freund Marty de Kock verabredet. Man kann nur ganz früh am Morgen oder am Abend fliegen, weil es sonst zu heiß ist.

Ich schreibe schlecht, weil gerade ein heftiger Sandsturm über uns hinweggefegt ist und wir in aller Eile rausgefahren sind, um ihn zu filmen. Jetzt sitze ich auf einer roten Düne. Wir warten auf den Sonnenuntergang, um Fotos von Léon zu machen. Er jagt gerade auf einem Baum, und Alain passt auf ihn auf, damit ich schreiben kann. Wir hoffen, dass wir mit dem Ballonflug Glück haben, denn wir wollen am 2. März unbedingt den Vollmond erleben. Doch man muss mit allem rechnen: Wolken, die den Mond verdecken, Unwetter, Wind usw.«

Alain

Marty ist ein toller Kerl. Er glaubt, dass er durch uns seinen Traum verwirklicht hat und beschreibt es so: »Irgendwann stand ich im

Labor, langweilte mich wie immer und dachte an den Heißluftballon, den ich wahrscheinlich nie bekommen würde. Und dann stieß ich auf deine Fotos und erinnerte mich an eure Geschichte. Zu dem Zeitpunkt ward ihr gerade in der Kalahari bei den Erdmännchen, und ich sagte mir: Die sind einfach nur ihrer Leidenschaft gefolgt, und sie sind glücklich. Warum soll ich das nicht auch schaffen?« So hat sich unsere Verrücktheit auf ihn übertragen. Bei unserer nächsten Begegnung, einige Jahre später, hat Marty seinen Heißluftballon. Er ist völlig blank und schon dazu bereit, seinen Ballon für Werbezwecke an den nächsten Supermarkt zu verleihen. Doch er bereut nichts. Die Stunden, die er in seiner Gondel verbracht hat, entschädigen ihn vollkommen für alle Entbehrungen.

Da kommt mir eine glänzende Idee.

»Wenn du uns in der Kalahari besuchst, können wir aus deinem Ballon filmen, Marty. Und du lernst unsere Welt kennen. Ich habe große Lust, Luftaufnahmen zu machen, und wenn du dort fliegst, wirst du verrückt vor Begeisterung.«

»Es ist zu warm. Es gibt ständig Unwetter. Wir werden uns alle Knochen brechen.«

Nachdem er dies festgestellt hat, schafft Marty es, einen Gashersteller zu finden, der ihn sponsert, und macht sich mit einem geliehenen Wagen, der ständig stehen bleibt, auf den Weg. Er kommt in die Apokalypse. Nach dem heißesten Sommer seit Jahren peitschen heftige Stürme über die Kalahari. Jeden Morgen lässt Marty um viertel vor vier einen Testballon fliegen, dann verkündet er düster: »Zu viel Wind.«

Nach ein paar Tagen verliere ich die Geduld.

»Jetzt reicht's. Du wirst die Wüste bald hassen und wir auch. Also lass uns in deinen Ballon steigen und starten. Du wirst sehen, dass alles gut geht.«

Es geht nicht gut, aber es ist fabelhaft. Die Kalahari schenkt uns den schönsten Sturm ihrer Geschichte. Um den Böen zu entkommen, will Marty sehr hoch steigen, und unter einem metallisch glänzenden Himmel, der das Ende der Welt verkündet, entdecken wir die Unendlichkeit der Wüstendünen. Schwere Wolken jagen über den Horizont und vom purpurroten Sand steigen Wirbel wie Rauchsäulen auf. Grandios. Niemand hat je ein so prächtiges Schauspiel in der Kalahari erlebt, niemand wird es nach uns je erleben. Brüllend, um den Lärm des Brenners zu übertönen, gratulieren und danken wir einander ohne Ende. Und dann schreit Marty: »Ich habe ihn nicht mehr unter Kontrolle! Ich weiß nicht mehr, was ich machen soll. Soll ich noch höher gehen oder sinken?«

»Versuchen wir runterzugehen!«

»Dann stürzen wir ganz sicher ab!«

»Nicht doch. Du siehst ja, dass die Götter mit uns sind. Uns kann nichts passieren.«

Ein oder zwei Meter über dem Boden packt uns ein Windstoß. Der Ballon prallt von den Dünen ab, bleibt in den Akazienbüschen hängen, deren Dornen uns die Arme zerkratzen, und springt wieder hoch. Ich halte meine Kamera an mich gepresst, um sie zu schützen. Marty, der hin und her geschüttelt wird, kämpft mit den Stricken. Die Wahnsinnsfahrt endet nach einigen Kilometern an einer Sandwand. Sylvie sollte uns mit dem Jeep durch die Dünen folgen. Obwohl ihr sonst jeder Orientierungssinn fehlt, hat sie sich nicht verfahren. Sie braucht keine Funkverbindung, um den Weg zu finden, ihre Liebe zur Kalahari leitet sie sicher zwischen den ausgetrockneten Flussbetten und Sandwirbeln hindurch. Sie findet uns hinter einer Düne, wo wir neben dem gestrandeten Ballon vor Freude in die Luft springen und tanzen.

Das Wunder des Regens verwandelt die Wüste in einen farbigen Blütenteppich, und Marty beginnt Blumen zu pflücken, um sie uns zu schenken. Die Sträuße fliegen mit den Böen davon, die auch die Gondel hin und her werfen und die Hülle des zerrissenen Ballons wie ein Segel blähen. Marty wird uns sein Leben lang dankbar sein. Er gehört zu jenen Freunden, für die Sylvie und ich zu einer Art Fetisch geworden sind.

In diesem Sommer entsteht der erstaunlichste Film. Ohne Geld und mit rudimentärer Ausstattung – man hat mir nur eine alte Kamera überlassen – drehen wir die verrückt gewordenen Elemente. Sobald sich ein neuer Sturm ankündigt, steige ich auf eine Düne und verfolge den fantastischen Ritt der Antilopen und Springböcke über die endlose Bühne der Wüste, über der ein roter Sandschleier liegt.

Sylvie

Hinterher mussten wir in unserem verwüsteten Camp immer stundenlang die Objektive reinigen. Die Zeltschnüre waren gerissen, alles war durcheinander gewirbelt und nass. Ich erinnere mich an einen Morgen, an dem wir nichts Trockenes mehr zu essen hatten. Unsere Schaumstoffmatratzen schwammen auf der Pfütze, die sich unter dem Zelt gebildet hatte. Wir schliefen zusammengekauert in der einzigen Ecke, die noch nicht völlig durchnässt war. Mike, der als guter Wissenschaftler alles notierte, wusste zu berichten, dass es in den letzten fünf Jahren in Nossob nur achtzehnmal pro Jahr geregnet hatte und eine durchschnittliche Niederschlagsmenge von 150 mm pro Jahr gefallen war; jedes Mal empfing der Boden nur ein paar Tropfen Wasser. Solche Unwetterperioden wie in jenem Jahr erlebt die Kalahari nur zweimal pro Jahrhundert. Wir hatten davon gehört wie von einem außergewöhnlichen Ereignis, das die Bewohner der Wüste nur einmal im Leben zu sehen bekommen. Und nun geschah es vor unseren Augen. Eine unglaubliche Sintflut aus mächtigen Regenschauern.

Die Gewalt der Elemente verweist den Menschen auf seinen wahren Platz im Universum. Angesichts der gigantischen tellurischen Kräfte, die seit Urzeiten unsere Welt geformt haben, fühlten wir uns winzig klein und waren voller Begeisterung. Das Schauspiel der entfesselten Natur berauschte uns wie eine Droge. Alain saß auf dem Kamm einer Düne und filmte die Woge aus Sand und Staub, die höher war als ein Haus und die durch das trockene Flussbett direkt auf uns zu kam.

»Sie kommt, Sylvie, sieh doch!«, jubelte er, ehe er vom Wind davongetragen wurde.

Ich sah ihn nicht mehr, ich sah gar nichts mehr, blind von der Staubwolke, die über uns hinwegfegte. Eine Riesenhand warf mich zu Boden.

Alain

Wenn sich der Sturm legt, dauert es lange, bis der Staub zu Boden sinkt. Manchmal sieht man in der Ferne zarte Gestalten mit gesenkten Köpfen in einem Pulvernebel vorbeirennen: eine Antilopenherde, die gegen den Wind ankämpft. Dann, mit einem Schlag, beginnt der Regen. Dicke warme Tropfen fallen immer dichter, trommeln auf den Boden, den sie befruchten wollen. Später zeichnet sich am schiefergrauen Himmel vor dem Horizont der einfarbigen Landschaft ein riesiger Regenbogen ab, dessen zarte Pastelltöne an beiden Enden mit den dunklen Dämpfen der Erde verschmelzen. Das Wasser berauscht uns. In der Wüste bricht der Wahnsinn aus. Die Löwen werden ebenso verrückt wie die Erdmännchen. Alles wimmelt durcheinander. Jeden Abend fangen wir zwanzig Skorpione an unserer Lampe. Grüne Raupen überschwemmen uns zu Millionen. Wir sind damit bedeckt, sie kriechen sogar unter unsere Laken. Wir nehmen unsere Mahlzeiten nur noch unter dem Moskitonetz ein.

Sylvie

Von Sonnenaufgang bis zum Einbruch der Nacht besteht unser Leben darin, den Erdmännchen zu folgen. Unser Hauptcamp ist 25 Kilometer von ihrem Territorium entfernt, aber oft stellen wir unser kleines Zelt in ihrer Nähe auf. Um im Winter die eisigen Nächte zu überstehen, müssen wir mit Jacken, Mützen und Strümpfen schlafen und in den Schlafsäcken zu Abend essen. Kein Gedanke daran, den Tisch zwischen zwei großen Feuern zu decken, wie ich es so gern mag. Eines Abends ist es so kalt, dass es mir nicht einmal gelingt, das Öl für die Fritten zu erhitzen, die sich Alain wünscht. So kalt, dass wir im Jeep schlafen und den Gasheizer brennen lassen, was nicht ungefährlich ist.

In unserem Hauptcamp lässt es sich wirklich gut leben. Allerdings fehlt mir die sportliche Betätigung sehr. Wegen der gefährlichen Tiere kann man draußen weder wandern noch rennen, und die Vorstellung, im Innern der Umzäunung meine Runden zu drehen, deprimiert mich ebenso wie die Gymnastikübungen mit Anette. Alain willigt schließlich ein, dass ich abends auf der Piste laufe, wenn wir nach unserem Tag mit den Erdmännchen ins Camp zurückkehren. Er fährt ganz langsam, ich renne vor der Motorhaube her. Nicht genial … Ich kann mich nie entspannen, spähe immer wieder ängstlich in die schwarze Nacht, in der Löwenfamilien lauern, die regelmäßig die Bahn überqueren. Und dazu Alain mit seiner Ungeduld …

Wenn wir ankommen, müssen wir noch Essen machen und das Material reinigen. Unser Menü an Festtagen, wenn Anette, Mike und der eine oder andere seltene Besucher uns in Nossob Gesellschaft leisten: Springbock mit Pommes frites unter nächtlichem Sternenhimmel.

Alain

Die Kalahari gilt als eine der unwirtlichsten Gegenden der Welt, ebenso feindselig wie der Amazonasdschungel oder die Polarregionen. Dennoch kann man dort nicht nur jahrelang leben, sondern auch glücklich sein. Wir fühlen uns in der Kalahari zu Hause. In vollkommener Harmonie. Alles gefällt uns, selbst die Schwierigkeiten, selbst das Leiden, denn sie gehören zu dieser Erde. Elias Le Riche ist zunächst stolz auf unsere Zuneigung zu der großen roten Wüste. Dann wird sie ihm unerträglich. Seine Kalahari von Europäern gezähmt, die mehr als er über diesen Teil des Landes wissen? Das kann er nicht dulden! Er hat uns alles gegeben, alles tun lassen, aber dass wir hier zu Hause sind, duldet er nicht. In der Kalahari ist man bei ihm zu Besuch. Und während ich Le Riches Verärgerung ahne, spricht Sylvie immer öfter von dem Kind, das sie sich wünscht …

Wenn es ein Mädchen wird ...

Sylvie

Ich sprach nicht nur von einem Kind, auch mein Körper verhielt sich recht seltsam. Trotz der Gymnastik und des abendlichen Joggings wurde ich immer dicker. Obwohl ich bisher niemals Gewichtsprobleme hatte, war mein Bauch so rund, dass mir die Hosen zu eng wurden.

»Wenn es sehr heiß ist, bewegt man sich so wenig, dass der Körper nichts verbrennt«, beruhigte mich Anette. »Ich nehme auch viel zu sehr zu.«

»Aber du bist ja schließlich schwanger!«

»Trotzdem nehme ich zu sehr zu!«

Im Camp konnte ich meine Gewichtsprobleme lange Zeit verbergen. Während der Aufnahmen zog ich den Bauch ein und posierte von der Seite, fast von hinten, um mein aufgedunsenes Gesicht zu verstecken. Dann fuhren wir mit Anette, Mike und ihrem Sohn, dem kleinen Juju, zum Einkaufen nach Upington. Das war jedes Mal eine Reise von 550 km. Wir mieteten einen Bungalow, um ein paar Tage »in der Stadt« zu verbringen.

Nachdem wir die Taschen abgestellt hatten, räumte ich meine Sachen in den Schrank, nahm eine lange Dusche, legte mich hin und rührte mich nicht mehr. Ich war wie gelähmt. Ich konnte nicht ausgehen. Als ich am nächsten Tag ankündigte, dass ich weiter im Bett bleiben wolle, besorgte Anette die Adresse eines Arztes. Sie half mir beim Anziehen und begleitete mich.

Doktor de Klerk, ein gut aussehender, sportlicher Mittvierziger, öffnete lächelnd die Tür und bat mich in sein Sprechzimmer, einen großen, hellen Raum mit Möbeln aus weiß gestrichenem Korb. In einer Ecke quollen Spielsachen aus einer Truhe. Ich setzte mich auf den Rand eines Sessels und schaute mich im Zimmer um. An den Wänden hatte der Doktor wundervolle Fotos aufgehängt, die die Entwicklung des menschlichen Fötus nachzeichneten. Direkt hinter dem Schreibtisch zeigte das größte Foto eine Fruchtblase mit einem Kind, dessen Züge bereits deutlich zu erkennen waren. Es hatte die Hand vor dem Mund, so, als lutsche es am Daumen. Doktor de Klerk war meinem Blick gefolgt. Er lächelte mich wieder an und sagte:

»Diese Bewegung macht das Baby schon drei Monate vor der Geburt. Wunderbar, nicht wahr?«

Ich muss wohl geantwortet haben:

»Entzückend.«

Dann brach ich in Tränen aus:

»Eigentlich habe ich Glück, weil ich genau weiß, was mit mir los ist: Ich stecke mitten in einer Depression.«

Ich weinte lange und fischte Papiertaschentücher aus der Schachtel, die er mir reichte.

Während ich mit dem Doktor redete, wurde mir immer mehr bewusst, was wirklich mit mir los war.

Ich wollte ein Kind, ich wünschte es mir so sehr, dass es mich krank machte. Mit Alain sprach ich nur wenig darüber, doch der Gedanke an ein Kind beschäftigte mich unaufhörlich. Alain redete mir gut zu: Das würde später kommen, wenn wir eine Ranch in der Kalahari hätten. Irgendwie stellte ich mir die Ranch rosa vor, mit blauen Blumen, denn sie existierte ja nur in unseren Träumen. Natürlich wollte ich, dass Alain sich dieses Baby ebenso wünschte wie ich. Aber mein Körper war von der Sehnsucht nach einem Kind geradezu besessen, er konnte nicht mehr warten und schwoll an. Schon mit fünfzehn Jahren hatte ich Lust auf ein Kind gehabt. Als ich Alain kennen lernte, sagte er

mir ganz klar, dass er keine Kinder wolle. Trotzdem hatte ich von Anfang an, seit der Zeit, da wir in meiner kleinen Wohnung hausten, einen Namen für das Kind, das ich eines Tages haben würde. Gegenüber von unserem Bett hing ein sehr schönes, riesiges Plakat von Hitchcocks *Vögeln*. Eines Abends sah ich es an, und meine Augen blieben am Namen der Hauptdarstellerin hängen, der ganz unten in blauen Lettern geschrieben stand: Tippi Hedren. Und ohne jeden Zusammenhang erklärte ich: »Hast du gesehen? Wie hübsch das ist, Tippi! Wenn ich ein Mädchen bekomme, nenne ich es Tippi.« Er hat damals wahrscheinlich nur »ja« gebrummt, um mir einen Gefallen zu tun. Doch an dem Tag, an

97

dem wir erfuhren, dass ich schwanger war, mussten wir nicht lange nach einem Vornamen suchen: Es war Tippi.

Als wir im Sommer 1989 nach Frankreich fuhren, hatte ich meine Depression zwar überwunden, doch spürte ich plötzlich eine große Unruhe in mir. Ich war dreiunddreißig. Die Jahre vergingen. Ich brauchte dieses Kind, anders war mein Leben nicht mehr möglich. Der Entschluss, mit Alain zu sprechen, war schon lange gefasst, aber ich brachte es nicht fertig. Ich wusste nicht, wie ich es ihm sagen sollte, und hatte Angst vor seiner Reaktion.

An einem milden Abend waren wir auf dem Land, nahe Arpajon, bei Alains Schwester Sylviane zu Gast. Zu jener stillen Stunde, da der Schatten den Tag besiegt, kehrten wir mit den Hunden von einem Spaziergang zurück. Wir hatten einen prächtigen Sonnenuntergang erlebt, voll von jenem goldenen Licht, nach dem wir in der Kalahari so oft gespäht hatten, wenn sich die Erdmännchen vor der Nacht aneinander schmiegten.

Wir gingen langsam. Am Ende des Weges, vor dem weißen Gartentor, umkreiste unser Dackel Bibounet kläffend Sylvianes Rottweiler. Und ich sagte mir:

»Jetzt. Ich werde jetzt mit ihm sprechen. Vor dem weißen Tor.«

Mit fünfzehn Jahren hatte ich mich unsterblich in Stendhals Romanhelden Julien Sorel verliebt. Als ich nun auf dem kleinen Feldweg den Entschluss fasste, vor dem Tor zu sprechen, dem wir uns mit jedem Schritt näherten, musste ich unwillkürlich an die Szene denken, in der Julien beschließt, die Hand von Madame de Renal noch vor dem nächsten Glockenschlag der Kirchturmuhr zu ergreifen, sonst würde er seine begehrte Beute für immer verlieren. Als ich feststellte, dass noch etwas von dieser jugendlichen Romantik in mir überlebt hatte, musste ich lächeln. Noch ein paar Meter …

»Alain, ich setze die Pille ab. Ich will ein Kind.«
Er antwortete nicht. Er lief ebenso ruhig weiter. Ich rannte zu den Hunden. Endlich hatte ich die Erklärung ausgesprochen, die unsere Zukunft verändern würde. Und er hatte nicht protestiert. Wahrscheinlich dachte er, ich würde von fernen Plänen sprechen, doch schon im September war ich schwanger.

Als ich mit einer Freundin telefonierte, die mir geraten hatte, mit Alain zu sprechen, sagte ich ohne Hintergedanken:
»Irgendwas ist komisch mit meinen Brüsten, sie sind ganz hart. Wahrscheinlich habe ich zu viel Sonne abbekommen …«
Anstatt mir zu antworten, rief sie ihrem Mann zu:
»Jean-Pierre! Sylvie ist schwanger!«
Ich sprach erst mit Alain, als ich das Testergebnis hatte. In der Metro, auf dem Nachhauseweg vom Labor, hätte ich die ganze Welt umarmen können. Alain wollte mir nicht glauben. Er wich zurück, drückte das Erdmännchen Tip und Bibounet an sich:

»Wir haben schon die beiden. Das reicht! Es geht nicht.«
An diesem Abend kamen Freunde zum Essen. Sie kamen mit einem herrlichen Strauß bonbonrosa-farbener Tulpen, als wüssten sie es schon. Über dieses Augenzwinkern des Schicksals musste sogar Alain lachen.

Alain

Als Sylvie zum ersten Mal von dem Kind sprach, nach dem sie sich sehnte, war es für mich wie ein Schock. Die Abenteuer, die wir seit unserem ersten Aufenthalt in Johannesburg im Juni 1984 erlebten, hatten alle Existenzängste mit sich fortgerissen. Wir waren beide zum ersten Mal wirklich glücklich, zumindest schien es so, und ein Baby bedeutete für Sylvie gewiss die Vollendung dieses Glücks. In meinen Augen bedeutete es eher seine Zerstörung. Dabei war unser Glück noch gar nicht so alt. Wir hatten kaum Zeit gehabt, es richtig zu genießen. Wie sollte man sich bei unserem doch recht außergewöhnlichen Leben um ein Kind kümmern?
Ich hatte das Gefühl, Sylvie wolle nun doch in ein bürgerliches Leben zurückkehren, das überhaupt nicht mit unserer Wirklichkeit vereinbar war. Verrat! Auf unserem Weg war dieses Ziel nicht vorgesehen. Gar nichts war geplant. Die Freiheit improvisiert man jeden Tag aufs Neue, ebenso wie die Leidenschaft. Sylvie hatte offenbar den Verstand verloren. Ich konnte nicht glauben, dass sie ganz bewusst zerstören wollte, was wir uns mit solcher Mühe aufgebaut hatten. Oder doch?
Nein. Ich hatte sie in unserem Camp beobachtet, auf das sie so stolz war, hatte beobachtet, wie frei sie

sich in dieser gefährlichen Wüste bewegte. Jeden Tag hatte ich ihre Begeisterung für die Erdmännchen wahrgenommen. Jeden Abend hatte ich zugesehen, wie sie singend den Tisch deckte, nachdem sie den Boden von Skorpionen befreit hatte, wie eine ordentliche Hausfrau, die mit dem Staubsauger über die Auslegware fährt … Sie liebte dieses Leben, sie gehörte mit Leib und Seele zu dieser Welt. Ganz natürlich. Warum nur wollte sie auf einmal ein Kind, das dieses wunderbare Gleichgewicht infrage stellte? Ihr Wunsch musste unerträglich stark sein. Er reifte gewiss schon seit Jahren.

Tatsächlich hatte Sylvie immer irgendeinen Kinderersatz um sich gehabt. In den Jahren bei Cartier war es unser Drahthaardackel Tarzan gewesen, auch Bibounet genannt, den wir innig liebten. Sylvie nahm ihn mit zur Place Vendôme, und er ließ sich ins Ritz einladen. Sie hatte ihn immer behandelt, als sei er der große Bruder in der kleinen Familie, die sie mit weitaus exotischeren Tieren zusammenstellte. In Sierra Leone, einer Etappe unserer Reisen durch Afrika, wo uns die Leute in jedem Dorf wilde

Tiere in Ketten oder Käfigen anboten, die häufig verletzt waren, hatte sie voller Zärtlichkeit den Eisvogel und die Gazelle gepflegt, die wir aus ihrer Gefangenschaft befreit hatten. Von dort hatte sie auch Jane mitgebracht, die verwaiste Ginsterkatze, die Tarzan-Bibounet notgedrungen adoptieren musste. Zwischen Sylvie und diesem reizenden schwarzen Tierchen mit weißen Flecken, gestreiftem Schwanz und großen Augen, das sie ihr Baby nannte, bestand eine sehr enge Beziehung. Jane folgte uns überallhin, sie saß wie ein Kätzchen an Sylvies Halsansatz und schlief meistens tagsüber, um Kräfte zu sammeln: Als verspieltes Nachttier weckte sie uns immer wieder, wenn sie an den Vorhängen, hinter dem Schrank oder mitten in unserem Bett nach Spielgefährten suchte. Lange nach Janes Tod, die an Gift gestorben war, hatte Sylvie noch Tränen in den Augen, wenn sie von ihr sprach. Später entwickelte sie eine ebenso heiße Leidenschaft für ein Erdmännchenweibchen, das ihr eine Lehrerin aus Upington geschenkt hatte. Der Name, den sie ihm gab, war bereits Programm: Tip.

»Sie hat doch einen gebogenen Schwanz. Und außerdem ist Tip schon die Hälfte von Tippi«, gab Sylvie mit ihrer zuweilen brutalen Ehrlichkeit zu, »dem Vornamen, den ich meiner Tochter geben werde. Tip ist ein bisschen meine Tochter …«

Auch als sich unsere Situation in der Kalahari zu verschlechtern begann, sprach Sylvie weiter von einem Kind. Und das, obwohl unsere Welt wie in einem Albtraum zerbrach.

Unsere Begegnung mit Danie Van der Walt, dem Produzenten der berühmtesten Tiersendung des einzigen staatlichen Fernsehsenders Südafrikas beschleunigte das Ende noch. Ein sehr guter Freund vom *National Parks Board,* Mike Landmann, hatte uns mit Danie bekannt gemacht, der nach der Aus-

strahlung unseres allerersten Films die Fortsetzung unserer Abenteuer mit der Erdmännchengruppe produzieren wollte. Die Atmosphäre in Nossob hatte sich bereits mit der Ankunft eines neuen Rangers verschlechtert, der fest entschlossen war, Anette zu tyrannisieren und uns all den administrativen Schikanen auszusetzen, denen wir bis dahin entgangen waren. Das Schlimmste jedoch konnte verhindert werden. Unsere Popularität als Erdmännchen-Champions garantierte uns eine gewisse Ruhe. Dann bekam Danie Lust, sich den Drehort anzusehen. Bis dahin völlig legitim. Als er da war, wollte er persönlich drehen. Ich fühlte mich verpflichtet, ihm die Kamera zu überlassen. Während wir mit jedem Filmmeter geizten, verschwendete er endlose Minuten damit, bei trübem Licht eine Löwin von hinten zu filmen. Aber auch da blieben unsere Beziehungen noch höflich.

Die Dreharbeiten fanden in einer wichtigen Zeit für unsere Erdmännchen statt: Cicatrice, das Weibchen, das die Fortpflanzung sicherte, erwartete einen neuen Wurf und wurde täglich runder. Danie wich dem Ranger nicht von der Seite und begleitete ihn bei seinen unzähligen Vogeljagden. Das Verhältnis zwischen Letzterem und uns war endgültig gestört, als dieser mit seinem Jeep im *Kwang Pan* eine Kuhantilope verfolgte, um seine Fahrkünste zu demonstrieren. In dem schlammigen Boden dauerte es drei Jahre, bis die Reifenspuren verschwanden. Die Abendmahlzeiten im Camp wurden immer belastender. Der große Naturschützer fing an, uns zu nerven. Für den Ranger teilte sich die Welt in zwei Lager: die guten und die schlechten Christen. Natürlich zählte er sich zu den guten und gab mir zu verstehen, dass ich zu den schlechten zählte. Als Sylvie und ich eines Tages bei den Erdmännchen waren, kamen der Ranger und Danie angefahren

und sprangen aus dem Auto. Einer trug die Kamera, der andere hielt einen abgehärmten Adler fest. Danie machte sich bereit zum Filmen und der Ranger ließ den Adler über den Erdmännchen los, die in panischem Entsetzen in ihrem Loch verschwanden. Ich hatte keine Zeit zu reagieren. Die beiden Idioten fingen ihren Adler ein und fuhren davon. Die Erdmännchen kamen nicht zur traditionellen Abendliebkosung hervor, außer Cicatrice, die sich neben mich auf die Seite legte. Man konnte sehen, wie sie litt. Sylvie war fassungslos, sie fürchtete, die Trächtige würde ihren Wurf verlieren, und sie täuschte sich nicht. Am selben Abend jagten wir Danie Van der Walt aus unserem Camp.

Einige Tage darauf landete in Nossob ein Flugzeug mit drei Direktoren des *Parks Board,* die uns in unseren Projekten mit den Erdmännchen stets unterstützt hatten. Sie schlossen sich stundenlang mit Le Riche im Büro des Rangers ein. Drei Tage später folgte das Urteil:

»Ihr habt euch nichts vorzuwerfen. Ihr macht Werbung für den *Kalahari Gemsbok Park,* und das gefällt uns. Der Ranger hat Fehler begangen und sieht seine Irrtümer ein. Er ist ein guter Christ und ihr müsst einander die Hand reichen.«

Kaum waren sie nach Pretoria zurückgeflogen, bestellte mich Elias Le Riche zu sich, um mir die neuen Modalitäten unseres Alltagslebens mitzuteilen. Der Ranger würde uns ständig begleiten. Natürlich um mit uns zusammenzuarbeiten … Niedergeschlagen kam ich ins Camp zurück: »Sylvie, die Kalahari, es ist aus.«

Sie fragte nicht warum. Sie begann zu weinen. Wir fuhren los. In Johannesburg sahen wir in den Zeitungen das Foto von Danie Van der Walt, der von einem Minister beglückwünscht und für seinen Einsatz im Naturschutz ausgezeichnet wurde.

Hätte man in dieser Situation etwa ein Kind haben sollen, ein unschuldiges Kind, um der Wucht des Hasses zu widerstehen? Nein, man setzt kein Kind in die Welt, um zu vergessen.

In den Monaten nach unserer Abreise aus der Kalahari hatte Sylvie ihren Kinderwunsch nicht mehr wiederholt. In Frankreich bereitete sie unsere Reise nach Namibia vor, wo wir einen Film über Elefanten drehen wollten. Einige Tage vor ihrem Abflug nach Johannesburg, wo sie Zwischenstation machen sollte, teilte sie mir fröhlich mit, dass sie schwanger sei. Ich war unfähig zu reagieren. Seit unserer Abreise aus der Kalahari fühlte ich mich alt und erschöpft, ich hatte meine letzten Illusionen verloren. Ich sagte wohl so etwas wie: »Wie sollen wir das hinkriegen?« In meinem Kopf war die Frage präziser: Wie sollten wir, da ich keine Kraft mehr hatte, noch zusätzliche Energie aufbringen, um mit dieser neuen Situation fertig zu werden: der Umzug von Johannesburg ins 2.500 Kilometer entfernte Namibia, der Beginn der Dreharbeiten, das Einrichten eines neuen Camps, und das alles mit einer schwangeren Sylvie! Für meine beiden Söhne David und Alexandre war ich nie ein richtiger Vater gewesen. Würde ich dies-

mal dazu imstande sein? Und was bedeutete es, Vater zu sein, wenn man nur eine verrückt gewordene Welt als Erbe hinterlassen konnte?

Es sei denn … Ich wusste noch nicht, was sich hinter diesem »es sei denn« verbarg. Vielleicht ein Funken Hoffnung. Auf jeden Fall musste ich vorwärts, weitermachen, etwas tun. Die Schwäche überwinden. Mich über Sylvies Seligkeit freuen, die so stolz war auf ihre geschwollenen Brüste und den runden Bauch, auf den ich die Hand legen sollte. »Spürst du, wie sich das Baby bewegt?«

Heute versuche ich mich zu erinnern, ob ich auch nur eine Sekunde an eine Abtreibung gedacht habe. Nein, niemals!

Zwischen Leben und Tod muss man sich für das Leben entscheiden. Immer. Das begreift man sehr schnell, wenn man oft dem Tod begegnet.

Schon bald legte sich mein Unbehagen und ich begann, von einer Tochter zu träumen. Von einer schönen Tochter, der ich alles zeigen würde, was es noch an Wunderbarem auf dem blauen Planeten gibt. Wenn ich nur nicht zu alt war. Ich würde sechzig sein, wenn sie fünfzehn wäre, also musste ich in Form bleiben, dem Alter widerstehen.

Aber Sylvie? Würde sie es aushalten? Würde sie die Anstrengungen der Fahrt bis nach Namibia ertragen, das neue Land, die Probleme beim Drehen? Sie schien ihrer selbst sicher und beklagte sich nie. Man konnte fast meinen, die bevorstehenden Strapazen machten ihr Freude. Es würde also gehen.

Sylvie

Die erste Zeit meiner Schwangerschaft verbrachte ich allein. Alain begleitete mich nach Luxemburg, von wo ich den billigsten Charterflug

nach Südafrika nahm. Ich drehte mich zum Abschied ein letztes Mal um, mit dem Kinn hielt ich das Erdmännchen Tip fest, das an meinem Hals nach einem Ausgang suchte. Alain war schon in der Menge verschwunden. Meine Tasche schnitt mir in die Schulter, Tip führte sich auf wie ein kleiner Teufel, ich musste den Kopf zur Seite neigen, um meine blinde Passagierin in der Jacke festzuhalten. Wie immer begannen sich die Fluggäste in der vollen Maschine aufzuregen oder laut zu lachen – Ferien sind schließlich dazu da, sich zu amüsieren! Trotz allem spürte ich, wie sich der Kloß in meinem

Hals zu lösen begann. Eigentlich berührte mich diese Aufregung nicht schlimmer als Tips Krallen an meinem Hals. Ich schwebte auf meiner Wolke, ich war die glücklichste Frau der Welt, weil ich das Kind in mir trug, das ich mir so lange gewünscht hatte.

Ein halbes Jahr später waren wir wieder in Johannesburg, und ich ließ einen Ultraschall machen. Alain hatte mir erklärt, dass er unbedingt eine Tochter wolle, weil er schon zwei Söhne habe. Ein legitimer Wunsch, ganz in meinem Sinn. Und ich verstand auch, dass sich der werdende Vater vorzeitig an den

Gedanken gewöhnen musste, falls es doch ein Junge werden sollte. In Namibia konnte man damals zwar schon die Entwicklung des Fötus verfolgen, aber die Geräte waren nicht genau genug, um das Geschlecht eindeutig festzustellen.

Ich war jetzt bereits im siebten Monat. Alain begleitete mich ungeduldig in den Raum mit dem Ultraschall. Nachdem der Arzt meinen Bauch mit Gel bestrichen hatte, führte er seine Sonde über die schon stark gedehnte Bauchwand. Alain verrenkte sich den Hals, um den Bildschirm besser zu sehen.

»There you can see the head …«, sagte der Arzt und wies auf eine dunkle Kugel.

»Ich bin sicher, dass ich seine Eier sehe!«, flüsterte mir Alain in Französisch zu.

»Das ist der Oberkörper«, fuhr der Arzt in Englisch fort …

»Sieh doch, Sylvie, die beiden kleinen Kugeln!«

»Und da sehen Sie, wie das Herz schlägt …«

»Ich bin sicher, es ist ein kleiner Kerl!«

Der Arzt setzte die Untersuchung fort, bereitete die Fotos vor, dann fragte er uns, ob wir das Geschlecht unseres Kindes wissen wollten. Na und ob!

Er wandte sich zu seinem Computer und begann, auf der Tastatur zu tippen. Wir sahen, wie die Buchstaben nacheinander auftauchten: M … A …

Alain warf mir einen resignierten Blick zu: Der Arzt schrieb MALE, es war also ein Junge.

Aber nein, er tippte langsam weiter: D … E … M … O …

MADEMOISELLE!

Mademoiselle Degré!

Trunken vor Freude fiel ich Alain um den Hals. Wir hörten dem Arzt kaum noch zu, der uns in sein Sprechzimmer bat, um uns zu erklären, dass das Baby nicht genug wachse und dass er das Schlimmste befürchte. Da er sah, dass der erste Ultraschall in Frankreich gemacht worden war, der zweite in Namibia und der dritte nun bei ihm, konnte er sich leicht vorstellen, dass unser Lebenswandel nicht gerade die nötigen Bedingungen für eine ruhige Schwangerschaft bot. Er wusste, dass ich nach Namibia zurückkehren würde, und hatte Angst, ich würde Alain wieder auf die Pisten folgen.

Natürlich folgte ich Alain auf die Pisten! Meine Schwangerschaft machte mich schließlich nicht zu einem kleinen, zerbrechlichen Ding.

Wir fahren wieder nach Damaraland, um die Arbeit an unserem Elefantenfilm fortzusetzen. Diesmal aber sind die Elefanten nicht da, wo wir sie erwarten.

So weit das Auge reicht, gleicht die Landschaft einer Schutthalde. Ich werde hin und her geschüttelt, kauere mich auf den Rand meines Sitzes und lasse die Piste nicht aus den Augen, um den schlimmsten Löchern zuvorzukommen. Ich halte meinen Bauch, um die Stöße abzumildern. Wenn Alain sehr langsam fahren muss, weil größere Steine im Weg liegen, gehe ich neben dem Wagen her.

Da es keine Elefanten gibt, interessieren wir uns für ein Experiment zur Auswilderung von zwölf zahmen Wildhunden im Etosha Park. Sie werden in einer großen wildreichen Ebene ausgesetzt. Da sie überhaupt nicht auf ein Leben in Freiheit vorbereitet sind, ermüden sie rasch und fangen nicht mal einen der Springböcke, die sie mit großen Sätzen verhöhnen. Auf der Suche nach Nahrung legen sie viele Kilometer zurück, und wir müssen hinterher. Wenn sie die galoppierenden Zebras verfolgen, halte ich mit einer Hand meinen Bauch, mit der anderen das Steuer, das Alain losgelassen hat, um zu filmen.

Unter meinem Gewicht verliert meine Matratze nachts immer mehr Luft. Vielleicht ist es Zeit, nach Windhoek zurückzukehren.

Willkommen in Afrika!

Sylvie

Seit Tippis Geburt scheint Alain zu schweben. In unserem Haus in Windhoek, wo wir uns endgültig eingerichtet haben und ich mich mit dem kleinen Geschöpf vertraut mache, das jeden Tag niedlicher und erstaunlicher wird, stelle ich wie schon in Johannesburg fest, dass Afrika nicht auf den Winter vorbereitet ist. Obwohl Windhoek, die »windige Ecke«, in 1.800 m Höhe liegt und sehr niedrige Temperaturen kennt, gibt es keine Heizung in unserem Haus, nicht mal einen Kamin, nur einen kleinen Infrarotheizer über der Badezimmertür, dessen geringe Wärme vom Luftzug fortgetragen wird. Ich habe den Wickeltisch so dicht wie möglich darunter gestellt, aber nachts, wenn draußen –5°C sind, denke ich manchmal doch mit einer Spur Wehmut an die mollige Gemütlichkeit der bürgerlichen Wohnungen in unserem guten alten Frankreich. Ich schütze Tippi mit einem Kissen, wenn sie trinkt. Das Stillen gefällt ihr sehr gut. Mir auch. Es ist einfach, angenehm und praktisch. Ich gebe ihr überall die Brust, in den Geschäften von Windhoek, wo die Weißen verlegen die Blicke abwenden, während die Farbigen mir helfen, mich bequem hinzusetzen, aber auch bei offiziellen Essen mit den Direktoren der Nationalparks oder am Rand der Piste, während eine Elefantenherde vorbeizieht.

Alain schaut sprachlos zu, wie ich überall meinen BH öffne, sobald Tippi ein bisschen Hunger hat oder zu weinen beginnt. Der Einfallsreichtum der Natur, der es der Mutter ermöglicht, ihr Kleines problemlos zu ernähren, und die perfekte Übereinstimmung dieser Ernährungsweise mit unserem Nomadenleben begeistern ihn.

Ich trage mein winziges Baby in einem ovalen Korb mit zwei langen Henkeln herum. Darin liegt eine kleine Matratze, und ich breite ein gemustertes Seidentuch darüber, damit Tippi nicht vom Licht geblendet wird.

Als sie dreieinhalb Wochen alt ist, nehmen wir unser früheres Leben wieder auf: Wir ziehen als Familie in den Busch. Das Haus in Windhoek bleibt unser Heimathafen, in dem wir zwischen zwei Exkursionen auf der Jagd nach Bildern regelmäßig anlegen. Für viele Monate wird jedoch der Etosha Park mit seinen Freuden und Gefahren unser Lebensmittelpunkt sein.

Alain

Nach dem kleinen Garten in Windhoek entdeckte Tippi einen der größten Nationalparks der Welt, Etosha, das Reich der Tiere im Norden Namibias. Mehr als 22.000 Quadratkilometer tro-

ckener, dürrer Boden, den sich etwa 50.000 große
Säugetiere teilen, die fast das ganze Jahr über das
riesige öde Becken des *Etosha Pan* meiden, der ein
Drittel des Parks einnimmt. Dieser ausgetrocknete
Tonsee, auf dem ein Salzfilm liegt, bewahrt das
Wasser, das ihm die Flüsse des Nordens nach reich-
lichem Regen bringen, selten länger als ein paar Tage.
In der restlichen Zeit müssen sich die Tiere mit ein
paar natürlichen Wasserlöchern am südlichen Rand
des Parks begnügen, die immer Wasser enthalten,
sowie mit Quellen, die bei Trockenheit versiegen,

und mit den künstlichen Brunnen, die vom Menschen angelegt wurden.
In Okaukuejo, einem der drei Besuchercamps,
arbeitet ein Institut an der Entwicklung geeigneter
Maßnahmen, um ein harmonisches Zusammen-
leben der Arten zu sichern. Ganz in der Nähe haben
wir ein großes Zeltcamp errichtet, das unser gesam-
tes Material enthält. Wir kommen jedoch nur selten
dorthin, weil wir die Begegnung mit Touristen
meiden. In einem Gebiet, das ihnen untersagt ist,
haben wir uns zusätzlich ein verborgenes Lager

eingerichtet. Es liegt zwischen dem Pan und den mit Baumgruppen bestandenen Grasebenen im Westen, wo wir die Wildhunde filmen. Unsere beiden kleinen Zelte, die alles Nötige für zwei, drei Nächte enthalten, stehen auf einem von einem hohen Zaun umschlossenen Areal von 50 x 50 Metern. Es stammt aus der Zeit der Reiterpatrouillen, die hier ihre Pferde unterbrachten, um sie vor Raubtieren zu schützen. Außerdem haben wir in Halali, etwa hundert Kilometer vom Hauptcamp in Okaukuejo entfernt, über das Tourismusministerium einen Bungalow gemietet. Anfangs ziehen wir innerhalb des Geländes alle drei Monate um: zuerst ein recht armseliges Zimmer mit Küche, dann ein größeres, komfortableres Gebäude und schließlich das Luxusmodell für VIPs.

Sylvie

In dem ersten Bungalow, in den wir mit Tippi einziehen, habe ich zum Schmuck überall Pareos aufgehängt, und auch die Möbel, die mir nicht gefallen, habe ich mit Stoff bedeckt. Ich bringe Alain zum Wagen, er fährt in den Busch. Wenn wir ihn nicht begleiten, weil die Aufnahmen zu gefährlich sind oder die Anwesenheit unseres Babys ihn am Arbeiten hindert, halten wir Funkkontakt. Ich kehre in den Bungalow zurück, wo ich Tippi einen Moment allein gelassen habe. Sie sitzt auf der Erde inmitten ihrer Spielsachen, amüsiert sich und lallt ruhig vor sich hin. Doch wie in einem Albtraum schiebt sich eine zweite Handlung über dieses friedliche Bild: Eine Schlange gleitet hinter meiner Tochter vorbei, wenige Zentimeter von ihrem kleinen Körper entfernt, und verschwindet unter dem Stoff, den ich über die Sitzbank gelegt habe.

Ohne einen Schrei, ohne heftige Bewegung packe ich Tippi und trage sie aus dem Haus. Dann schließe ich die Türen, verstopfe sie mit Lappen, um das Reptil am Entkommen zu hindern, und rufe Alain an, der noch nicht sehr weit gekommen sein kann. Ich habe ihn selten so bleich gesehen wie jetzt, da er aus dem Jeep steigt. Er nimmt seine Tochter in die Arme und drückt sie fest an sich, ehe er den Bungalow betritt, wo er die Schlange findet und tötet, die giftig genug gewesen ist, um Tippi direkt ins Babyparadies zu schicken.

An Babymöbeln haben wir nur einen einzigen Artikel angeschafft: ein vielseitig verwendbares Utensil, das Tippi als Kinderwagen, Bett und Stühlchen dient. Als die gesegnete Zeit vorbei ist, da ich nur meine Bluse zu öffnen brauche, damit mein Baby zu weinen aufhört, muss ich andere Tricks erfinden, denn Alain erträgt es nicht, seine Tochter jammern zu hören. Also mache ich lange Spaziergänge mit ihr.

Bei Tag und bei Nacht. Wenn wir beide unter den Sternen umherwandern, habe ich die Hand immer in dem Netz, das am Wagengriff befestigt ist. In Frankreich habe ich gesehen, dass meine Freundinnen dort Kekse, ein Fläschchen oder ein Jäckchen für ihr Baby hineinstecken. Hier hat Tippi ihre Flasche immer im Mund und im Netz steckt nur ein einziger Gegenstand: ein geladener Revolver. Für den Fall, dass wir einer etwas zu wilden »Katze« begegnen.

Mit zehn Monaten kann Tippi laufen. Ihr Vater behauptet, sie verdanke diese Frühreife den Dornen auf dem Boden, die so spitz sind, dass kein Baby lange Zeit auf allen Vieren darauf herumkriechen könnte. Noch ehe sie läuft, liebt sie das Wasser. Das Baden wird stets eins ihrer größten Vergnügen bleiben, kaum gedämpft durch das ausdrückliche Verbot, allein ins Wasser zu gehen. Ein anderes großes Glück: der Tanz. Ich sehe sie vor mir, ganz klein, lange vor ihren ersten Schritten, an eine Stuhllehne geklammert, wie sie zu jedem Ton aus dem Radio rhythmisch schaukelt.

Jeden Morgen kommen die Angestellten des Nationalparks auf dem Weg zur Arbeit an unserem Haus vorbei. Es sind Afrikaner, die sich um Wartungsarbeiten, den kleinen Laden und die Snackbar kümmern. Wenn sie an der Tür vorbeikommen, rufen sie alle nach Tippi. Die beiden Silben klingen wie ein Tschilpen, wie ein Vogelpiepsen. Der Klang von Tippis Namen gefällt den Afrikanern sehr, sie sind empfänglich für die Melodie der Worte, die Wiederholung der Laute. Tippi klingt fröhlich, es macht Spaß, den Namen zu wiederholen. Es ist der perfekte Vorname für Afrika: Alle können ihn aussprechen, in allen Sprachen und Dialekten. Rings um meine Tochter erklingt ihr Name wie der Refrain einer wunderbaren Melodie.

Alain

Das Thema unseres Films ist die Interaktion zwischen Mensch und Elefant. Wir wollen sehen, ob die Dickhäuter von den Wasserstellen abhängig sind, die der Mensch geschaffen hat, und ob sie die vom Menschen errichteten Hindernisse zerstören, um zu trinken oder ihren Weg fortzusetzen.

Wir haben bestimmte Abschnitte festgelegt, in denen wir regelmäßig patrouillieren, um ihre Spuren zu finden. Während der Suche und manchmal auch während der Dreharbeiten begleiten mich Sylvie und Tippi. Deshalb sind die ersten wilden Tiere, denen unsere Tochter begegnet, Elefanten.

Als wir eines Tages in den heißesten Stunden die Wasserstellen rings um Halali besuchen, treffen wir eine Herde, die sich im Schatten der Mopane-Bäume ausruht. Zahlreiche Elefanten versperren den Weg. Unmöglich an ihnen vorbeizukommen. Also Geduld. Die erste Regel, wenn man so nah bei ihnen ist: Motor abstellen und keinen Lärm machen. Touristen, die Angst bekommen, hupen und sich die Durchfahrt zu erzwingen suchen, können ihr Fahrzeug leicht kopfüber wieder finden und haben noch Glück, wenn sie nicht darin zerquetscht werden.

Sylvie hat Tippi jeden Tag erklärt, wie wichtig es ist, im Umgang mit wilden Tieren leise zu sein. Einer der Dickhäuter kommt langsam auf den Jeep zu und beginnt, daran zu schnuppern. Tippi bleibt stumm und lässt ihn nicht aus den Augen. Er ist nicht der Größte der Herde, aber doch schon ganz ansehnlich. Als er neben dem Wagen steht und seinen Rüssel auf das Dach legt, beginnt der Landcruiser ein wenig zu schaukeln. Das nach oben gestreckte Elefantenmaul ist jetzt direkt hinter der Scheibe zu sehen, genau in Tippis Höhe, die plötzlich mit einem lauten Freudenjauchzer das Gesicht an das Glas presst. Überrascht

weicht der Elefant ein paar Meter zurück, den Rüssel noch immer ausgestreckt. »Psst, Tippi, du machst ihm Angst«, flüstert Sylvie. Geräuschlos lege ich den Rückwärtsgang ein und lasse die Hand auf dem Anlasser. Ich warte, bis sich der Elefant beruhigt hat, dann starte ich und fahre langsam zurück.

Bei anderer Gelegenheit mache ich mit dem Weitwinkel Aufnahmen von Elefanten, die regelmäßig einen Zaun aus dicken Stahlkabeln zerstören, der ihnen den Zugang zu einem Tümpel versperrt. Die Vorbereitung der Aufnahmen bestand aus wochenlangen Beobachtungen: Ich muss aus einem Versteck filmen, das nur ein paar Meter vom Durchgang der Tiere entfernt ist. Etwa fünfzig Meter weiter sehen Sylvie und Tippi vom Jeep aus zu. Die Bilder sind schon im Kasten, als der Wind dreht und der Herde unseren Geruch zuträgt.

Wenn die Elefanten auf dem Territorium des Menschen etwas Verbotenes anstellen, ist ihnen das ganz ohne Zweifel bewusst. Sie sind leiser als üblich und benehmen sich wie Schuldige. Werden sie jedoch auf frischer Tat ertappt, so können sie aggressiv werden. Als sie an diesem Abend unsere Anwesenheit riechen, stürzen sie unter lautem Trompeten drohend in alle Richtungen, zertrampeln Gitter und Sträucher …

Zu spät, um zum Jeep zurückzukehren, der auch schon von ein paar Dickhäutern bedroht wird. Ich setze alles auf eine Karte: Vielleicht kann ich sie beruhigen, indem ich ihnen zeige, woher der fremde Geruch kommt; wenn nicht, so lenke ich ihre Angriffslust wenigstens auf mich. Mit erhobenen Armen komme ich aus meinem Loch hervor, gehe auf sie zu und spreche sie an: »Ich ergebe mich. Seht her, ich will euch nichts tun.« Sylvie erzählt mir später, dass Tippi mit aufgerissenen Augen im Auto saß und den Atem anhielt. Als sich die Elefanten dann beruhigten, lächelte sie ihre Mutter an.

Natürlich war sie viel zu klein, um bewusste Erinnerungen an diese Erlebnisse zu bewahren. Aber ich habe mir oft überlegt, dass die Umgebung, der Geruch, das Trompeten, das sie damals wahrnahm, in ihr Unterbewusstsein eingedrungen sind und dass diese frühen Kontakte erklären, weshalb sie so mühelos Zugang zu Abus Welt gefunden hat. Als Tippi Abu zum ersten Mal traf, war sie kaum älter als sechzehn Monate. Das war während unseres Marathonlaufes zwischen Namibia, Botswana und Simbabwe. Bei der Erwähnung dieser Reise ziehe ich aus dem Knäuel meiner Erinnerungen einen Faden, dessen Länge ich vergessen hatte. Die Stempel in den Pässen bestätigen, dass wir 1991 in drei Monaten eine unglaubliche Strecke zurückgelegt hatten, ehe wir uns in den Sümpfen des Okavango niederließen.

Wir kehren von einem kurzen Aufenthalt in Frankreich zurück, der gerade lang genug ist, der Produktionsfirma das in anderthalb Jahren abgedrehte Material zu bringen, das wir selbst noch nie gesehen haben. Eine eher magere Ausbeute: Bei den Elefanten sind nur einige Sequenzen interessant; der Film über die Hyänenhunde fängt sehr gut an, scheitert jedoch bald an fehlenden Protagonisten. Über Johannesburg und Windhoek kehren wir in den Etosha Park zurück. Dort teilt uns das Forschungsinstitut mit, dass inzwischen auch die letzten Hyänenhunde gestorben seien. Niemand gibt uns eine Erklärung. Bei unserer monatelangen Verfolgung der Wildhunde war uns oft die Nachlässigkeit oder Ungeschicklichkeit von Angestellten dieses Institutes aufgefallen. Es lässt sich schwer sagen, ob es sich wirklich um Inkompetenz handelt oder um die Folgen von Geldmangel. Auf jeden Fall sind wir unliebsame Zeugen, und deshalb stört unsere Anwesenheit.

Dann hören wir von einem Amerikaner, der in den Sümpfen des Okavango in Botswana mehrere Rudel von Hyänenhunden erforscht.

Auch Randall Moore, ein Amerikaner mit einer erstaunlichen Laufbahn, der etwa zur gleichen Zeit wie wir nach Südafrika kam, hat sich kürzlich in dieser Gegend niedergelassen. Er war uns stets freundschaftlich verbunden. Bestimmt kann er uns einige Informationen geben. Als wir ihn das letzte Mal gesehen haben, waren wir die »meerkat-people«, die von ganz Johannesburg gefeiert wurden.

Als wir wieder in Windhoek sind, versuche ich Randall Moore zu erreichen. Er hat noch immer dieselbe dröhnende Stimme:

»Na, Sylvie, wie läuft es in Namibia? Hattet ihr die Nase voll von den Erdmännchen?«

»Und du, Randall, gefällt es dir in Botswana?«

»Super. Ich bin noch nicht lange hier, aber es läuft wirklich gut. Und Alain? Macht ihr einen neuen Film?«

»Nicht einen Film, sondern zwei. Und beide sind an einem toten Punkt angelangt.«

»Ihr müsst das Gleiche machen wie ich, Safaris! Was sind das für Filme?«

»Einer über Elefanten, der andere über Hyänenhunde. Und wir dachten, wir könnten vielleicht in deiner Gegend drehen. Da soll es jemanden geben, der über Hyänenhunde forscht.«

»Tico McNut?«

»Kann sein, ich weiß nicht, wie er heißt. Ein amerikanischer Wissenschaftler.«

»Dann ist es Tico. In dieser Gegend wimmelt es nur so von Hyänenhunden. Kommt doch mal gucken.

Hör zu, ich lade euch ein, in meinem Camp zu
wohnen, dann besucht ihr den Burschen, der den
Kötern hinterherrennt. Außerdem könnt ihr meine
Elefanten filmen.«

Alain

Die Grenze nach Botswana zu überqueren war
immer eine harte Prüfung. Die Botswaner
haben ohnehin den Ruf, nicht sehr freundlich zu
sein, und die Zöllner setzen aus beruflichem Ehrgeiz
noch eins drauf.
Bei jeder Reise dorthin wurde unser Auto von
oben bis unten durchsucht. Damals waren zwei
Franzosen in einem Auto mit südafrikanischem
Kennzeichen sehr verdächtig, denn die ständig
schwelenden Spannungen zwischen Botswana und
dem Nachbarland förderten einen wahren
Spionagekomplex.
Daran denke ich, als wir uns der Zollstelle von
Mamuno nähern, einem kleinen, verlorenen Posten
in der Kalahari. Doch Tippi betritt die Baracke wie
erobertes Terrain. Sie erforscht die Räumlichkeiten
auf der Suche nach unbekannten Spielen, rennt
überallhin, fasst alles an, klettert auf den Schalter
und beginnt in den offiziellen Dokumenten herum-
zumalen.
Die Beamten lachen und sind begeistert, sie
drängen sich, ihr alle Schätze des Büros zu zeigen
und kümmern sich gar nicht um uns. Ich bleibe
fassungslos im Hintergrund stehen. Zum ersten
Mal betreten wir Botswana, ohne Anhänger und
Auto auseinander nehmen zu müssen. Tippi
schwenkt ihre Hüften, um ihre linke Pobacke zu
bewundern: Ein strahlender Zöllner hat ihr einen
Stempel draufgedrückt.

Abu, mein großer Bruder

Sylvie

Die Flasche im Mundwinkel, bewegt sich Tippi in ihren kleinen grünen Stiefelchen ohne die geringste Furcht inmitten der Kolosse. Sie trägt ihre Tiger-Shorts, ein Geschenk zur Geburt, das ihr noch immer passt, so klein ist sie. Zum ersten Mal in ihrem Leben sieht sie Elefanten ganz nah, und sie ist begeistert. Abu und seine Artgenossen verbringen den Tag am Fluss, wo sie baden und trinken. In den wärmsten Stunden des Tages schlafen sie im Schatten. Abends, wenn sie ins Camp zurückkehren, müssen sie die Kunststücke üben, die sie gelernt haben, ehe sie ihr Futter bekommen. Tippi schaut ihnen zu. Die Dresseure haben sie gerufen, damit sie ihre Schüler auf der Lichtung bewundert. Die riesige staubige Freifläche des Kraals ist von einer Dornenkrone aufgetürmten Geästs umgeben, dessen Blätter die Dickhäuter abgefressen haben. Laut hallen die schrillen Schreie der Elefantenjungen, die einander schubsen und sich prächtig amüsieren. Die erwachsenen Tiere gehen auf Befehl in die Knie, strecken den Rüssel aus oder legen sich auf den Boden. Das winzig kleine Mädchen spricht erst wenige Worte, aber man möchte glauben, dass sie mit diesen Riesen kommuniziert. In dem Staub, den sie aufwirbeln, geht sie höchst interessiert von einem zum anderen, ehe sie vor dem Anführer der Herde stehen bleibt, dem großen Abu, den sie nicht mehr aus den Augen lässt.

In den Lodges für Jagd- oder Fotosafaris sind Kinder unter zwölf Jahren nicht zugelassen. Abu hat noch nie ein so kleines blondes Kerlchen wie Tippi gesehen. Sofort spielt sich zwischen den beiden etwas Unerklärliches ab.

Vor Begeisterung lässt Tippi ihren Sauger einen Moment los und lacht. Sie hat ein mächtiges Lachen, ganz unpassend für ihre Größe, ein Lachen, in dem sich ihre grenzenlose Lust an allem entlädt, was das Herz erfreut. Jetzt geht sie so nah an Abu heran, dass sie ihn berühren kann. Verblüfft über ihren Mut, sind Alain und ich etwa zehn Meter entfernt stehen geblieben, etwas beklommen trotz der Anwesenheit von Randall, der schweigt und ebenfalls wie vom Donner gerührt scheint. Die Dressur kann warten. Was hier geschieht, diese unglaubliche Begegnung zwischen dem mächtigsten Tier der Welt und dem winzigen Baby, macht uns alle sprachlos. Vorsichtig, so vorsichtig wie möglich geht der Dickhäuter in die Knie und legt sich auf den Boden. Tippi geht noch näher heran und berührt an einem der riesigen Füße das raue Leder, dann versucht sie, auf ihn hinaufzuklettern. Ein Kobold bei der Besteigung eines Berges. Nun beginnt Abu mit der Rüsselspitze ganz zart das winzige Gesicht der Besucherin zu erforschen, worauf Tippi

erneut mit einem schallenden Lachen reagiert: Das kitzelt!

»So was habe ich noch nie gesehen!«, ruft Randall. »Tippi-Baby, du bist wirklich ein Draufgänger. Sylvie, verrat mir, was du ihr in die Flasche füllst! Und du, Abu? Du kannst es wohl auch nicht fassen?«

Wie die Menschen haben auch Elefanten einen ganz eigenen Charakter. Abu ist ein zutiefst freundliches Tier. Der Koloss von fünf Tonnen, mit achtundzwanzig Jahren im besten Alter, ist hervorragend dressiert. Er wurde im Kruger Park geboren, verlor seine Eltern und wurde in die USA verkauft. Dort arbeitete er in einem Reservat, ehe Randall Moore ihn nach Afrika zurückholte. An diesem Tag im September 1991 hat Tippi sein Herz erobert, als sie ohne jede Furcht vor ihm steht. Natürlich hat er auch Launen, aber niemals bei ihr. Für sie hat er unendlich viel Geduld und ist vor allem in jeder Sekunde voller Vorsicht: Er bemisst seine Bewegungen, achtet immer darauf, wo er hintritt, passt auf, wenn sie mit ihm ins Wasser gehen will. Elefanten sind hervorragende Schwimmer. Wenn sie baden, sind sie verrückt vor Freude und voller Überschwang. Sie rennen los, sobald sie den Fluss oder See erblicken, werfen sich hinein, schwimmen, tauchen, planschen, besprizen sich mit ihren Rüsseln, wälzen sich auf dem Rücken … Da Alain diese Begeisterung kennt, ist er etwas nervös, als er Tippi mit Abu in den Fluss begleitet. Stets behält er die Stoßzähne im Auge, den kurzen, der vor ein paar Jahren an einem Baum abgebrochen ist, aber noch immer eine Furcht erregende Waffe darstellt, und vor allem den zwei Meter langen. Was wenn Abu in seiner Freude die Entfernung nicht richtig einschätzt? Aber nein. Die Stoßzähne gehen fünf Zentimeter an Tippi vorbei, ohne sie jemals zu berühren. Abu hat jede Bewegung unter Kontrolle.

Ich kann ihm vertrauen. Alain und ich würden uns niemals zur Mittagsruhe neben ihn legen: Man kann nie wissen. Tippi aber erlaube ich es, und ich weiß, dass ihr nichts passieren wird. Abu wird ihr kein Haar krümmen, mehr noch, er wird über sie wachen. Und er verjagt die Fliegen über ihrem Kopf. Das gefällt Tippi besonders gut.

Abu hat dem Camp seinen Namen gegeben, das den Touristen Safaris in die Sümpfe des Okavango anbietet. *Abu's Camp* ist eine neue Etappe auf der langen Strecke, die der Amerikaner Randall Moore bereits zurückgelegt hat. Er ist Dresseur und Zoologe und hat in seiner Heimat Elefanten gekauft und ausgebildet. Dann hat er sie per Schiff nach Afrika zurückgebracht. Zuerst wollten Randall und seine drei Elefanten in Kenia an Land gehen, wo sie jedoch zurückgewiesen wurden. Südafrika nahm sie auf, und dort waren alle so beeindruckt von seinen Abenteuern, dass er zum Star wurde: Der Mann, der die Elefanten nach Afrika zurückgebracht hat. Unser Abenteuer mit den Erdmännchen begeisterte ihn: eine Herausforderung, die seiner Geschichte mit den Elefanten recht nahe kam. Aber trotz der Sympathie, die er uns bezeugte, fühlten wir uns etwas unwohl mit ihm, weil er so oft von Geld sprach, von riesigen Summen. Er war so angespannt, dass wir in seiner Gegenwart immer etwas verlegen wurden. Seine Businessman-Qualitäten machten uns Angst.

Nachdem er in Südafrika gut gelebt und gearbeitet hatte, ließ er sich mit seiner Herde in den Sümpfen des Okavango nieder. Er betont immer, dass seine Elefanten »zwar für bestimmte Dinge dressiert, aber nicht gezähmt« seien. Seine Gäste nähern sich ihnen nur, wenn sie unter den wachsamen Blicken der Mahuts auf ihre Rücken steigen.

Randall hat mich immer fasziniert. Alle drei Sätze,

wenn nicht gar alle drei Worte wird seine Rede von einem leidenschaftlichen »*fuck!*« unterbrochen, aber trotzdem hat er eine große Ausstrahlung. Neben seinem ausgeprägten Geschäftssinn, der mit einem unglaublichen Arbeitseifer und einem sehr amerikanischen Unternehmungsgeist einhergeht, entdecken wir bald seine seltsame Art der Freundschaft. Ein flüchtiges, zärtliches Strahlen in den Augen, das Bemühen um Freundlichkeit, dem die fehlende Übung entgegensteht. Randall liebt Tippi …, aber von weitem. Kein Gedanke, mit ihr zu spielen, geschweige denn, sie in die Arme zu nehmen. Das könnte er nicht, er hat nie Kontakt mit Kindern. Seine Frau wohnt in Johannesburg, und er lebt ganz allein im Okavangodelta, ohne Familie, ohne echte Freunde. Mehr als vier Jahre lang werden wir die einzigen Menschen sein, die ihm nahe stehen.

Sein alter Kumpel Abu zieht ihm von nun an Tippi vor. Ich erinnere mich an eine Szene in den Sümpfen, am Ende unseres ersten Besuchs in Randalls Camp. Tippi steht mit den Füßen im Wasser mitten im Schilf und schaut zu den heimkehrenden Elefanten, unter ihnen Abu, der von Randall geritten wird. Trotz Randalls wütenden Befehlen geht Abu auf Tippi zu, die ihm die Hand entgegenstreckt. Der Dickhäuter hebt den Rüssel und legt ihn ganz zart auf den Kopf des kleines Mädchens. Er macht es sehr vorsichtig, aber Tippi, die auf dem weichen Boden keinen festen Halt hat, fällt auf den Po. Sie lacht los, steht auf und streckt Abu den Kopf entgegen:

»Noch mal!«

Soeben hat Tippi ein neues Wort in ihren Wortschatz aufgenommen, der bisher kaum etwas anderes

enthielt als »Maman« und »Dadou«. Bald wird sie »Abu« sagen. Und wenig später: »Abu, mein großer Bruder«.

Alain

Auf dem Weg zu *Abu's Camp* ist Maun ein obligatorischer Zwischenstopp. Dort, an der Grenze des Deltas, treffen sich Abenteurer, professionelle Jäger, Wilderer, Biologen, Piloten und andere Buschleute jeder Couleur, die gekommen sind, um die Schönheit dieses Naturwunders zu genießen oder um ihr Glück zu machen.
Uns gefällt die Atmosphäre in der Stadt, auch wenn sie vielleicht etwas zu englisch ist. Doch dafür haben die Bewohner viele brandneue Geschichten aus dem Busch zu erzählen. Im *Riley,* lange Zeit das einzige Hotel in der Gegend, an der Tankstelle oder im *Bottle store*, im *Duck Inn* oder im *Bistrot* gibt es noch immer die ausführlichsten Jagdberichte zu hören. Tippi, die uns wie üblich überallhin begleitet, schläft in Sylvies Armen ein.

Das nächste Dorf in der Umgebung von Tico McNuts Camp heißt Santawani. Es liegt im Nordwesten von Maun, in einer prachtvollen Kulisse kleiner grüner Oasen. Tico beschäftigt sich schon seit drei Jahren mit den Hyänenhunden. Er hat viele Gruppen entdeckt, insgesamt ungefähr hundert Tiere. Er kann uns helfen, und auch ich kann ihm sehr nützlich sein, die Wildhunde entweder im Busch aufzuspüren oder sie von meiner ULM aus zu entdecken. Denn seit mehr als einem Jahr fliege ich. Ich will mich jedoch nicht auf eine Zusammenarbeit mit Tico McNut festlegen, ohne vorher einen anderen Wissenschaftler getroffen zu haben, der sich

in Simbabwe mit Hyänenhunden beschäftigt. Randall hat uns empfohlen, nachzusehen, ob das, was er macht, interessanter für uns ist als die Recherchen von Tico.

Auch sollen wir die Gelegenheit nutzen, in *Lion's Den* vorbeizufahren, der Farm von Buck de Vries, der Elefantenjunge aufzieht. Es müsste doch mit dem Teufel zugehen, wenn ich da nicht ein paar schöne Bilder machen könnte.

Zwei Tage und 800 Kilometer später stehe ich in dem Kraal, wo etwa zwanzig Elefantenkinder Radau machen. Über den Sucher der Kamera gebeugt, die auf dem Boden steht, versuche ich ihre Spiele einzufangen. Sylvie und Tippi schauen gebannt zu. Ich höre, wie Sylvie ihrer Tochter ins Ohr schreit, um das schrille Trompeten von Bucks jungen Schützlingen zu übertönen.

»Guck mal, Tippi. Siehst du die Kleinen dahinten,

die aneinander herumzerren. Sie sind zu lustig, als wären sie aus Gummi.«

Tippi antwortet nicht, weil sie noch nicht sprechen kann. Sylvie und ich haben es immer vermieden, in Babysprache mit ihr zu reden, und wie üblich hört sie aufmerksam zu.

»Der dort, der allerkleinste, ist ungefähr so alt wie du. Er trinkt noch Milch. Er ist schon sehr schwer und sehr stark.«

Tippi hat ihre Lieblinge bereits gefunden: Hathi und Stompie, die Unzertrennlichen.

»Die kleinen Elefanten spielen gern, doch sie sind so stark, dass man sehr aufpassen muss. Am liebsten tun sie so, als würden sie angreifen. Wenn sie sich damit amüsieren, musst du zusehen, dass du ihnen nicht in die Quere kommst! Guck mal der dort, wie er auf den Zaun zurast. Hast du gesehen, wie er im letzten Moment gestoppt hat?«

Im Busch gehen die Kleinen zum Angriff über,

während ihre Mütter ganz ruhig zu sein scheinen. Schwer zu sagen, ob es wirklich nur Spiel ist. Einmal hatte ich den Jeep in der Nähe einer Herde angehalten, zu der viele Jungtiere gehörten, es war ein unvergleichliches Erlebnis, diesen Riesenbabys bei ihren Clownerien zuzusehen. Eines von ihnen kam trompetend angerannt und musste mit allen vier Beinen bremsen, um genau vor der Wagentür zum Stehen zu kommen. Als es zur Herde zurücklief, wiegte es sich ganz stolz in den Hüften. Tippi in ihrem Babysitz gluckste vor Vergnügen.

»Achtung!«

Sylvies Schrei kommt zu spät. Mit der Kamera in der Hand fliege ich durch die Luft und schlage hart auf dem Boden auf. Sylvie erzählt mir später, wie ein spielendes Elefantenjunges, das nicht in meinem Blickfeld war, plötzlich zum Angriff übergegangen ist. Ich habe Glück, dass es sich um ein kleineres Exemplar handelt. Die Bilanz: für mich zwei angebrochene Rippen und für Tippi die praktische Demonstration, dass man immer aufpassen muss. Buck liest mir natürlich die Leviten:

»Niemals hinhocken, wenn du in Reichweite von Jungtieren bist. Das ist für sie allzu verlockend.«

Wir verbringen nur ein paar Tage in Simbabwe, aber genug, um zwei, drei Sequenzen zu filmen, mit Buck Freundschaft zu schließen und ein Wiedersehen zu verabreden.

Der Wildhundforscher lebt in Hwange, in der Nähe von Bucks Ranch. Verärgert von den wiederholten Pleiten bei seinen Untersuchungen, offenbart er uns, dass die wenigen Wildhunde in der Gegend nicht alt werden. Wenn sie nicht von den Farmern erschossen werden, sterben sie beim Überqueren der stark befahrenen Nationalstraße, die von Bulawayo hinauf zu den Victoria Fällen führt. Somit wird Tico McNut unser Partner sein.

Dadou fliegt! Dadou Vogel!

Sylvie

Es regnet Tag und Nacht. Keine Chance, irgendetwas zu filmen. Alain und ich sind völlig erledigt. Tippi geht ihren Beschäftigungen nach. Sie verbringt den Tag damit, mit ihrer kleinen Schubkarre aus rotem Blech auf den Termitenhügel zu

steigen, den Alain von Gebüsch befreit hat. Wir sind nicht auf solche Regenfluten eingerichtet, deshalb musste ich improvisieren: Meine Tochter trägt einen Regenmantel, den ich aus einem grünen Müllsack zurechtgeschnitten habe, über das Stoffhütchen auf dem Kopf habe ich ihr einen afrikanischen Strohhut mit kleinen Perlenbändern gestülpt, die die Fliegen vertreiben, wenn man den Kopf bewegt. Das Wasser tropft von diesen Bändern herab, hinter denen Tippis blaue Augen strahlen. Begeistert stapft sie durch den Schlamm, klettert auf tote Bäume und kriecht durchs Gebüsch, in dem ihr Alain geheime Gänge gebahnt hat. Ihre Stiefel sind klitschnass, aber ich habe keine Schuhe zum Wechseln. Ihr ist es egal, sie ist ganz und gar mit der berauschenden Entdeckung ihrer neuen Umgebung beschäftigt: unser Camp in Santawani, das wir in Rekordzeit eingerichtet haben, damit es noch rechtzeitig zu Weihnachten fertig wird. Unter den Regengüssen weihen wir es ein. Ich hatte mich so sehr darauf gefreut, meiner Tochter einen Weihnachtsbaum zu schmücken … Nach mehreren vergeblichen Versuchen mit tropfenden Zweigen wickele ich schließlich eine goldene Girlande um die Gasflasche. Unter dem wolkenschweren Himmel verdeckt ein Regenvorhang den Horizont. Es hat sich wahrlich gelohnt, einen Platz mit schöner Aussicht zu suchen!

Von Simbabwe sind wir direkt nach Santawani gefahren, um Tico McNut unsere Mitarbeit anzukündigen und die Modalitäten zu besprechen: Er lässt uns an seinen Erfahrungen teilhaben und »überlässt« uns seine Hyänenhunde für unseren Film, als Gegenleistung bekommt er etwas Geld und Alains Unterstützung beim Aufspüren der Hunde. Nachdem diese Details geklärt sind, haben wir uns auf die Suche nach einem Standort für unser Camp gemacht.

Das Okavangodelta bildet ein Netz kleiner Bauminseln inmitten von Grasland, das regelmäßig überschwemmt wird. Wir wollten uns auf einer dieser Inseln niederlassen, nicht zu weit von der Landebahn entfernt, auf der während der Jagdsaison ein Flugzeug landet, um ein kleines, in den Sümpfen verborgenes Camp zu versorgen, nicht zu weit von Tico entfernt, mit dem wir viel zusammenarbeiten werden, aber auch nicht zu nah, um unsere Freiheit zu bewahren.

Ganz allein im Busch, ohne Vorbilder oder abschreckende Beispiele, ist die Auswahl eines Standortes ungeheuer schwierig. Man muss die vorherrschenden Windrichtungen berücksichtigen, sich vorstellen, was bei starken Regenfällen geschehen kann, mögliche Probleme mit Tieren in Erwägung ziehen …
In dieser Hinsicht haben wir andere Prioritäten als gemeinhin üblich: die Nähe der Tiere gefällt uns. Wir meiden sie nicht. Ganz im Gegenteil, wir suchen ihre Nachbarschaft.
Die Bungalows im Etosha Park, in denen uns das Tourismusministerium untergebracht hatte, befanden sich in einer Umgebung, wo der Mensch zu viel Raum einnahm. Wir mussten warten, bis die Nacht weit fortgeschritten war, um das Bellen des Schakals und das Brüllen des Löwen zu hören. In Santawani wird uns nichts daran hindern, zu jeder Tages- und Nachtzeit der Natur zu lauschen.

Alain

Jeweils zwei Kilometer von einem winzigen afrikanischen Dorf, der Landebahn und von Ticos Camp entfernt, haben wir den idealen Platz gefunden: eine Insel mit hundertjährigen majestätischen Bäumen, um die sich riesige Lianen winden. Eine richtige Dschungelatmosphäre und nach den überhitzten Biwaks in der Kalahari die besonders verheißungsvolle Aussicht auf viel Schatten. Es ist wunderbar. Vielleicht ein wenig zu viel Schatten: Im Winter oder in der Regenzeit wird es ziemlich dunkel sein. Dafür sind wir in dieser Vegetation so gut getarnt, dass man schon über unser Camp stolpern müsste, um es zu entdecken. Eine Seite öffnet sich zum Grasland, wo riesige Antilopenherden vorbeiziehen. Die Insel wurde erst kürzlich von Löwen

147

besucht, auch lebt hier eine große Paviankolonie, und wir befinden uns ganz dicht an einem Elefantenpfad. Wenn die Dickhäuter zum Menschen kommen, wollen sie weder angreifen noch zerstören, sie ziehen friedlich vorbei. Man muss nur ruhig bleiben und darf sie nicht aufregen.

Die Paviane hingegen stellen ein viel größeres Problem dar. Sie sind Diebe, und es kommt sogar vor, dass sie Kinder von Tippis Größe angreifen. Da müssen wir sehr aufpassen.

Trotzdem bleibt das Hauptkriterium für die Wahl des Ortes die Nähe zum Busch. Wir haben es immer gemocht, wenn die Tiere unser Camp besuchen. Die nächtlichen Schreie der Raubtiere helfen uns beim Einschlafen. Was uns hier anfänglich stören wird, ist das Abendkonzert der Vögel. Bei Einbruch der Nacht lassen sich große Schwärme von Frankolinhühnern, Perlhühnern und »Billies« (Nashornvögel) auf den Zweigen der Ficusbäume, Akazien oder Palmen nieder und beginnen zu diskutieren und zu streiten, ehe sie mit großem Spektakel ihre Schlafplätze aufsuchen. Wir werden mehrere Wochen brauchen, um uns daran zu gewöhnen.

Während Sylvie mit Tippi auf dem Arm den Beamten mühelos alle Genehmigungen entlockt, um die wir sonst monatelang kämpfen mussten, fange ich an, zwei Hektar auf unserer Insel urbar zu machen. Ich will ein riesengroßes, sehr bequemes Lager errichten: Wir werden lange bleiben. Auch muss ein wichtiges Problem gelöst werden. Tippi rennt in alle Richtungen davon und verschwindet immer wieder im Busch … Wenn sie über das Grasland läuft, kann man sie noch im Auge behalten. Doch meistens bevorzugt sie den »Dschungel«, sie spricht mit Insekten und Bäumen, erforscht geheime Tunnel, baut sich Verstecke in den Büschen … Und sie

antwortet nie, wenn man sie ruft. Niemals. Weil sie uns einfach nicht hört, so vertieft ist sie in die Entdeckung dieser neuen Welt. Es würde nichts nützen, es mit Strenge zu versuchen: Sie kann nicht antworten, ihre Fantasie trägt sie mit sich fort. Da die Wirklichkeit aber zu gefährlich ist, um ihr ein kleines Mädchen von kaum achtzehn Monaten ungeschützt zu überlassen, müssen wir jemanden einstellen, der auf sie aufpasst.

Bell kommt aus dem benachbarten afrikanischen Dorf. Er ist sehr freundlich und lächelt viel, spricht aber kaum englisch. Ich hatte gedacht, er könnte uns auch beim Roden helfen, aber es dauert nicht lange, bis ich einsehe, dass er zwei linke Hände hat. Dafür vergöttert er Tippi, also ist alles in Ordnung.

Sehr schnell nimmt das Lager Gestalt an. Ein großes Zelt, das wir aus dem Etosha Park mitgebracht haben, wird mit zwei Gaskühlschränken, einem kleinen Herd und mehreren Tischen zu einer praktischen Küche. Daneben steht die Vorratskammer – ein kleines Zelt, in dem Konserven, Flaschen usw. lagern. Dahinter wird eine weitere Leinenhütte für das Filmmaterial aufgestellt. Zwanzig Meter davon entfernt erhebt sich unser Schlafzimmer, ein prächtiges Zelt, wie es auch von den begüterten Touristen in *Abu's Camp* benutzt wird. Dieses Vier-Sterne-Modell bietet auch genügend Platz für Tippi. Wir haben erst überlegt, sie nebenan in einem anderen Zelt unterzubringen, dann aber doch beschlossen, sie bei uns zu behalten.

Die meisten kleinen Kinder fühlen sich im Dunkeln nicht wohl. Wenn sie aufwachen, weinen sie und rufen nach ihren Eltern. Tippi hingegen hat nicht die geringste Angst. Im Gegenteil, sie liebt die Nacht: Wenn sie aufwacht, egal zu welcher Stunde, verlässt sie ihr Bett und geht hinaus. Deswegen müssen wir sie hören. Sie wird also bei uns schlafen.

Noch einmal zwanzig Meter von unserem Schlaf-
platz entfernt, gelangt man über riesige Baum-
stämme, die ich mit Stufen versehen habe, zu einem
weiteren Zelt, das uns als Garderobe dient. Und
schließlich das Bad, unter freiem Himmel, inmitten
von Lianen. Ein Eimer mit einem Duschschlauch
hängt an einem Ast; mit einem System von Rollen
kann man ihn hinauf- und hinunterziehen. Auf dem
Boden liegt eine Plane mit einem Lattenrost. Es
gibt sogar warmes Wasser. Bei Sonnenuntergang
entfacht Bell ein Feuer unter dem Kanister, den wir
regelmäßig füllen und an den ich einen Hahn
geschweißt habe. Wir lassen den Eimer herab und
füllen ihn halb mit warmem, halb mit kaltem Wasser, das ergibt eine herrliche Dusche. Wir verbrau-
chen nicht mehr als einen Eimer pro Person, weil
wir das Wasser aus dem Brunnen eines 15 Kilometer
entfernten afrikanischen Camps holen müssen. Der
Eimer enthält sieben oder acht Liter. Wir machen
uns nass. Wasser stopp! Einseifen und abspülen.
Fertig. Manchmal sehen wir beim Duschen Elefanten vorüberziehen … Die Frankolinhühner tschilpen zwei Meter entfernt. Auf den Bäumen warten
die Affen, dass wir fertig werden, um das bisschen
Seifenwasser zu stehlen, das übrig bleibt. Einmal
stören wir morgens beim Zähneputzen einen Pavian
und eine Antilope, die aus Tippis Badewanne trinken, einem großen afrikanischen Eisenbecken.
Die kleinen Grünmeerkatzen machen uns das Leben
schwer. Ihre Exkremente regnen überall herab. Die
diebischen Tiere springen sogar auf den Tisch, um an
sich zu raffen, was auf den Tellern liegt. Tippi lacht
sich halb tot. Doch als eines von ihnen mit ihrem
Fläschchen in die Bäume flüchtet, verliert sie den
Humor. Der Sauger ist hinterher unbrauchbar. Und
wenn es eine Sache gibt, an der Tippi fast krankhaft
hängt, dann ist es der Sauger an ihrem Fläschchen.

Die Paviane hingegen zerstören mit ihren Zähnen,
die fast so scharf sind wie die eines Löwen, unsere
Wasserkanister. Sie können zwar für kleine Kinder
gefährlich werden, vergreifen sich aber nur selten an
Erwachsenen, es sei denn, sie treffen auf eine Frau
ohne Begleitung. Sylvie wird oft von männlichen
Pavianen attackiert, die sie mit entsetzlichem
Gebrüll beschimpfen und versuchen, ihr Nahrung
oder Küchenutensilien zu stehlen. Sie verteidigt sich
gut, denn sie weiß, dass man ihnen entgegentreten
und sie bedrohen muss. Der Besitz von Feuerwaffen
ist in Botswana per Gesetz verboten. Wenn es Probleme gibt, begnügt man sich mit einer Axt, großen
Stöcken oder einem sehr schweren Eisenspieß, den
Sylvie nur mit Mühe anheben kann.
Fünfhundert Meter vom Camp entfernt, habe ich

ein riesiges Abfallloch gegraben, so tief, dass nicht einmal die Affen Lust haben, unsere alten Konservendosen herauszuholen. Die Toiletten, ebenfalls ein tiefes Loch, etwa einhundert Meter entfernt, sind von einer hübschen Strohpalisade umgeben. Einmal findet Sylvie dort eine Puffotter, eine widerwärtige, fette, heimtückische Viper, deren Biss sehr schmerzhaft ist und zu Wundbrand führt. Ich töte sie. Tippi ist mit mir zusammen hingerannt, und als sie mich das Reptil erlegen sieht, schimpft sie verständnislos in ihrer Babysprache:

»Warum hast du getötet?«

Weil ich Angst um meine Tochter hatte.

Eines Morgens zieht mich Bell mit sich, um mir eine Spur zu zeigen, die er nicht kennt. Entsetzen: Es ist die Spur einer schwarzen Mamba, der am meisten gefürchteten Schlange im Süden Afrikas. Sie ist anthrazitgrau, hat Haifischaugen, ein tief gespaltenes, mit tintenschwarzer Schleimhaut überzogenes Maul und kann bis zu vier Meter lang

werden. Sie verdankt ihren schlechten Ruf ihrer Reizbarkeit, ihrem augenblicklich wirkenden Gift und ihrer Schnelligkeit. Den Kopf einen Meter über den Boden erhoben, kann sie sich bis zu zwanzig Kilometer in der Stunde vorwärts bewegen und wie eine Feder nach vorn schnellen. Diese Schlange ist sehr selten, aber auf ihrem Territorium greift sie alles an, was sich bewegt. Auch erfahrene Buschbewohner, die ihr Leben den Gefahren angepasst haben, fürchten sich vor ihr. Man erzählt sich grausame Geschichten.

Und nun hat Bell die Abdrücke dieser Schlange entdeckt. Sie hat auf dem Sand so große Wellen hinterlassen, dass sie riesig sein muss. Die frische Spur führt mitten durch das Lager. Entweder ist die Schlange nur vorbeigekommen oder sie lebt hier auf der Insel.

Drei verrückte Monate liegen hinter uns. In weniger als hundert Tagen haben wir unser neues Leben am Okavango organisiert. Weihnachten steht vor der Tür, das Lager ist fertig. Es ist wunderbar, aber seine

Errichtung war ziemlich aufreibend. Ich bin todmüde, Sylvie ebenso. Nur unsere Tochter explodiert wie gewöhnlich vor Energie. Sogar Bell ist davon erschöpft, ihr ständig hinterherzurennen. Jeden Tag erweitert sie die Grenzen ihres Spielterrains. Tippi im Wunderland. Sollte die Mamba wirklich auf der Insel wohnen, müssen wir woanders wieder von vorn beginnen. Ich werde nicht das Risiko eingehen, das Grundstück mit einem so gefährlichen Nachbarn zu teilen. Also kündige ich Sylvie an, dass wir das Lager abbrechen, wenn die Spur erneut auftaucht.

Jeden Morgen gehe ich einmal um die zwei Hektar Land herum, die ich gerodet habe, doch die schwarze Mamba kommt nicht mehr zurück. Sie war also keine ständige Bewohnerin, sondern nur zu Besuch. Schlangen sind sehr neugierig, und so wollte wohl auch diese nur einmal vorbeischauen. Bell bekommt die Anweisung, doppelt aufmerksam zu sein und jeden Tag den Sand im Lager zu fegen, damit ich die Spuren prüfen kann.

Kaum ist Tippi von ihrem Termitenhügel heruntergeklettert, erfindet sie den Sisyphosmythos neu. Die Besteigung mit ihrer kleinen Karre ist eine körperliche Anstrengung und müsste sie eigentlich erschöpfen, aber nein, kaum ist sie unten, beginnt sie von vorn. Auch wenn es regnet. Mit einer so ansteckenden Fröhlichkeit, dass sie uns sogar die Kraft geben würde, die Sintflut zu überleben. Als die Sonne endlich zurückkehrt, wird sie von den Nashornvögeln lebhaft begrüßt. Diese Vögel mit dem großen gelben Schnabel lassen sich leicht zähmen: Sie kommen ganz nah heran, um Krümel aufzupicken. Tippi lässt sie sogar von ihrem Teller essen. Auch kleine rote Mangusten kommen sie besuchen. Ab und zu laufen Zebras an unserem Lager vorbei, oder Kudus, Lechwes, Kuhantilopen und Schwarzantilopen … Während die Herden in der Ferne vorbeigaloppieren, reitet Tippi auf ihrem Schaukelpferd, einem riesigen Flusspferdschädel, über den Sand.

Abends muss Bell zwei Kilometer rennen, bis er zu

Hause ist. Auf seiner Strecke wurde vor einigen Jahren ein Afrikaner von einem Löwen angegriffen. Deshalb bricht Bell immer vor Sonnenuntergang auf. Dann zündet Sylvie das riesige Feuer an, dass er am Rand des Camps vorbereitet hat, dort, wo wir unter den Sternen zu Abend essen.

Auch Tippi isst hier ihr Abendbrot. Wir haben ihr oft erklärt, dass unsere kleine Welt bei Einbruch der Nacht, wenn die Raubtiere jagen, sehr gefährlich werden kann, und so passt sie gut auf, sitzt sehr konzentriert und mit gespitzten Ohren da. Immer hört sie als Erste das leise Brummen der ULM. Dann läuft sie mit Sylvie ins Grasland hinaus, um Dadou vorbeifliegen zu sehen. Das gehört zum Abendritual.

Ich breche am Morgen auf und kehre erst im Dunkeln zurück. Das ist zwar etwas gefährlich, aber ich liebe es, aus der Luft die Lichter unseres Camps zu sehen. Die hohen Flammen des Feuers reichen sehr weit, Petroleumlampen zwischen den Zelten werfen ein gelbliches Licht auf die Bäume. Ich sehe Sylvie und Tippi an den Saum unserer Insel rennen und wende, um einen Halbkreis über dem Camp zu fliegen. Das ist eine schwierige Kurve, die mir an windigen Tagen nicht immer gelingt. Ich habe ein paar Sekunden, um Tippi zu begrüßen, dann muss ich Gas geben: Etwa hundert Meter entfernt erhebt sich eine Reihe von Palmen.

Tippi streckt mir ihre kleine Hand entgegen. Ich weiß, was sie sagt, weil Sylvie es mir erzählt hat. Zwischen zwei Freudenschreien erklärt sie: »Dadou fliegt! Dadou Vogel!«

Ich lande zwei Kilometer hinter den Bäumen, deren Spitzen meine Räder schon oft gestreift haben. Nachdem ich die ULM gesichert habe, fahre ich im Jeep ins Lager zurück. Tippi ist fertig mit dem Abendbrot, Sylvie ist gerade dabei, sie zu baden. Die Stelle, an der ich den Wagen parke, ist fünfzig Meter vom Badezimmer entfernt. Sobald ich den Motor abstelle, höre ich zwischen dem Piepsen der Vögel, die sich noch von Ast zu Ast unterhalten, das Lachen meiner Tochter.

Nach ihrer Toilette legt sie sich hin und soll das Zelt eigentlich nicht mehr verlassen, ja nicht einmal den Reißverschluss öffnen. Doch sie hält sich nicht daran. Plötzlich steht sie geräuschlos neben uns am großen Feuer. Beim Abendessen erzähle ich Sylvie, was ich im Busch erlebt habe, und Sylvie erzählt mir von ihrem Tag. Tippi will alle Geschichten hören. Seit Namibia hat sie sich diesen Rhythmus angewöhnt und ist nicht davon abzubringen. Sie legt sich auf eine kleine Decke neben das Feuer und unsere Stimmen wiegen sie in den Schlaf. Auch wenn wir ein paar Tage in Maun oder in *Abu's Camp* verbringen, legt sie sich während des Abendessens auf den Boden und beginnt ihre Nacht, indem sie den Geschichten des Okavango lauscht.

Ich sehe in diesen Abenden den Ursprung ihrer Unbefangenheit im Busch und ihrer Vertrautheit mit den Tieren. Tippi besitzt keine Gabe, die vom Himmel gefallen ist. Jeden Abend hat sie gelernt. Jeden Abend war ihr Kopf beim Einschlafen voll von all den Erzählungen über Elefanten, Löwen, Schlangen oder Wildhunde, die die Abenteurer des Deltas zum Besten gaben, und sie hat davon geträumt. Später, als aus den Gestalten ihrer Träume echte Lebewesen wurden, wusste sie bereits alles über sie.

Sylvie

Auf unserer ständigen Suche nach Aufnahmen von Elefanten haben wir in Maun ein Team der Walt Disney Productions getroffen. Sie drehen

einen Film, in dem Abu ein paar Szenen spielen soll. Wir werden unseren Lieblingsdickhäuter, der in Randalls riesigem Lastwagen anreist, bei seiner Arbeit als Schauspieler filmen.

Hintergrund: *Baines Baobab* in der Kalahari, berühmt für die riesigen Affenbrotbäume, die auf kleinen Inseln wachsen, und benannt nach dem Maler Thomas Baines, einem Spezialisten für afrikanische Landschaften.

Über Funk haben wir das Signal zum Aufbruch erhalten. Alain hat in Santawani eine Antenne im Wipfel eines Baumes befestigt, und ich spreche jeden Tag mit Moses, dem Funker von Maun, nachdem ich den Landcruiser neben dem Baum geparkt und das große Funktelefon angeschlossen habe. Man braucht viel Geduld. Dafür erfährt man alles, was im Delta geschieht: Ankünfte und Abreisen, Gemüsebestellungen für ein Camp, ein Führer, der dringend ein Ersatzteil für seinen Jeep verlangt, der mitten in der Landschaft mit acht Touristen stehen gebliebenis, usw. Ich sitze hinten im Wagen, füttere Tippi und wiederhole unaufhörlich:

»Two six five. Five six seven.«

Tippi nimmt das Mikro und wiederholt die Zahlen wie eine Litanei.

»Hello Tippi!«, antwortet Moses und Tippi strahlt …

Als wir uns in *Baines Baobab* mit dem Team treffen, sind bereits einige Drehtage vergangen. Die Disney-Leute haben mitten im Nirgendwo eine richtige Jahrmarktsatmosphäre geschaffen. Tippi ist ganz aufgeregt bei dem Gedanken, ihren Freund Abu wieder zu sehen. Sie steht auf der Hinterbank des Toyota, trampelt vor Ungeduld und schreit:

»Abu, Abu!«

Abu liegt zusammengesunken auf einem Lastwagen, es scheint ihm gar nicht gut zu gehen. Einen Moment bleibt Tippi der Mund offen stehen, sie ist fassungslos. Ich beruhige sie, während wir aus dem Auto steigen:

»Nein, nein, mein Baby, das ist ein falscher Abu. Komm, ich zeige es dir.«

Sogleich wieder heiter beginnt meine Tochter auf den herrlichen Polystyrolelefanten zu klettern, der dank der Kunst der Requisiteure echter wirkt als sein natürliches Vorbild und als Double für Abu dient. Dann macht sie sich auf die Suche nach ihrem »Bruder«, der sich im kargen Schatten eines Affenbrotbaums ausruht – diese riesigen Bäume haben so kümmerliche Äste, dass ich immer den Eindruck habe, man hätte sie verkehrt herum eingepflanzt, mit den Wurzeln zum Himmel.

Wieder einmal halte ich den Atem an, als ich meine Tochter auf die riesigen Füße des aufmerksamen Dickhäuters klettern sehe, der aus Rücksicht auf Tippi ebenso reglos bleibt wie seine Plastikkopie. Die Sonne brennt auf den Boden, der vor Trocken-

heit aufgerissen ist, und verwandelt die Landschaft in einen glühenden Ofen. Tippi, der Dreikäsehoch, ist in eine Feuerwoge getaucht. Ihre Wangen leuchten rot. Ich versuche sie daran zu hindern, in den heißesten Stunden zu viel herumzurennen, aber sie hat die Mittagsruhe nie gemocht: Was für ein Zeitverlust, wo es doch so wunderbar viel zu entdecken gibt!

Außerhalb der Ruhestunden, die ich ihr aufzwinge, nimmt sie an fast allen Aktivitäten im Lager teil. Begeistert lässt sie sich auf dem Dach des Jeeps nieder, in dem Abus Reserveprothesen transportiert werden, acht Paar Stoßzähne aus Harz, für den Fall, dass beim Drehen etwas zerbricht.

Eines Morgens folgen wir Abu und dem Team zum Drehort. Um zehn Uhr ist die Szene mit dem großen Elefanten im Kasten, und er hat wohl einen unbeobachteten Moment genutzt, um ein wenig die Mondlandschaft des fossilen Sees zu erkunden: Ich sehe, wie er durch die verlassene Unendlichkeit zu uns zurückkehrt. Er kommt näher, und ich bemerke, dass Tippi vor ihm läuft. Sie hat ihre Windel verloren, was ihr oft passiert, wenn sie auf der Erde herumkriecht. Ganz nackt und winzig marschiert sie ein paar Zentimeter vor Abu, als würde sie ihn führen, als bringe sie ihn zu uns zurück. Die Sonne brennt schon seit mehreren Stunden und die Salzkruste des ausgetrockneten Sees muss sehr heiß sein. Das Kind und der Elefant laufen ganz vorsichtig, heben die Füße sehr hoch, versuchen sie so kurz wie möglich auf den Boden zu setzen. Ich rufe Alain, damit er ein Foto macht. Seine drei Kameras funktionieren nicht und so schießt er mit meiner alten T 70, in der ein Schwarzweißfilm ist, das Doppelporträt des winzig kleinen Mädchens und des Dickhäuters, die langsam vor sich hin tänzeln, um sich nicht zu verbrennen.

Die Reise der Elefanten

Sylvie

»Was kann ihnen nur zugestoßen sein?« Alain sieht mich wütend an. Er will ruhig wirken, aber sein angespanntes, fast bockiges Gesicht verrät ihn. Nervös läuft er um das Auto herum. Er fängt wirklich an, sich Sorgen zu machen. Tippi sitzt am Wegrand, singt vor sich hin und vollführt ein seltsames Ritual mit Blättern, Sand und ihrem Nono, dem einst rosafarbenen Stoffhasen, den die langjährige Treue in einen recht kläglichen Stofffetzen verwandelt hat. Gibt sie ihm zu essen? Die Zeit würde passen, denn bald bricht die Nacht herein. Wir warten schon den ganzen Tag auf Randall und seine Elefanten. Abu, Bennie, Kathy und die Kleinen sind vor drei Tagen aus dem Camp in den Sümpfen aufgebrochen. Ihr letzter Halt, ehe sie wieder in die Lastwagen steigen, ist eine Krokodilfarm am Flussufer, etwa zwanzig Kilometer von Maun entfernt, wo wir sie erwarten.

Ganz plötzlich verschwindet die Sonne hinter den Bäumen.

»Sylvie, gib mir die Taschenlampen. Wir gehen ihnen entgegen.«

Auf der Piste sagt niemand ein Wort. Sogar Tippi, die sonst immer etwas mitzuteilen hat, schweigt. Als es schon völlig dunkel ist, höre ich in der Ferne endlich Randalls vertraute Stimme.

»Get it, Abu! Get it and go!«

Abu will anscheinend in Ruhe einen Ast verspeisen, und sein Herr wird ungeduldig.

Bald taucht Abus riesige Gestalt mit Randall auf dem Rücken vor mir auf. Nach den endlosen Stunden des Wartens läuft die Zeit jetzt schneller. Gleich darauf ketten die Mahuts die Elefanten am Flussufer aneinander. Ihre Befehle werden vom Trompeten der Tiere übertönt. Dann wird alles ruhig. Die mächtigen Dickhäuter bewegen sich kaum vor dem dunklen Spiegel des Flusses. Man hört nur noch das leise Klirren der Ketten und Trinkgeräusche. Wir haben Tippis Bett im Mondlicht, ganz nah bei ihren großen Freunden aufgestellt. Sie hat ihren Bruder Abu wieder gefunden und schläft glücklich ein. Vor uns liegt eine anstrengende Reise. Morgen werden alle Elefanten in Lastwagen geladen. Das Ziel ist Sun City in Südafrika, wo Miss-World-Wahlen stattfinden. Wir werden den Konvoi bis zu Buck de Vries begleiten, auf dessen Farm wir einen Monat bleiben wollen, um eine Elefantenjagd und die Tötung einer Herde zu filmen. Randalls Truppe hingegen wird in Sun City ihren Platz in der Welt des Showbusiness einnehmen, um die VIPs zu unterhalten.

Wir stehen mit der Sonne auf. Randall brüllt und flucht. Er hat eine schlechte Nacht hinter sich. Gestern Abend, als wir vor dem Einschlafen noch

ein wenig miteinander plauderten, ist er plötzlich
mit seinem Lieblingsfluch aufgesprungen: »Fuck!«
Zu spät. Ein Skorpion, der in seinem Moskitonetz
saß, hatte ihn in die Hand gestochen. Das Gift
brennt wie Feuer, doch man muss diese unangeneh-
men Biester fangen, ehe sie sich verkriechen. Als
Randall sein Bett genauer untersuchte, wimmelte
es auf dem weißen Stoff nur so von schwarzen
Zangen und Stacheln: ein ganzes Nest. Welch netter
Abschluss eines ermüdenden Tages!
Der Schmerz hat ihn fast die ganze Nacht wach ge-
halten. Zu allem Überfluss stellt er auch noch fest,
dass der Unimog einen Platten hat, kurz, dass gar
nichts läuft. Ein paar Dutzend Flüche und Drohun-
gen später setzen sich die Fahrzeuge am frühen Nachmittag endlich in Bewegung. Randall tobt, doch die
lustigen Mahuts hören schon gar nicht mehr hin.
Am Steuer seines Lastwagens, der Abu, Bennie und
Kathy transportiert, führt der Herr der Elefanten
den Konvoi an. Einer der Mahuts lenkt den Unimog, der den Anhänger mit den Jungtieren und
die Zisterne zieht. Aus unserem Jeep verständigen
wir uns übers Walkie-Talkie mit den Fahrern.

Der Konvoi zieht sich in die Länge, der Abstand zwischen den Fahrzeugen wächst. Bald kommt der Unimog nicht mehr hinterher. Als wir an Randalls Lastwagen heranfahren, sehen wir Rauch aufsteigen. Feuer! Und die Zisterne ist weit weg!

In der Not vergisst Randall sogar zu fluchen. Als der Brand schließlich gelöscht ist, möchte ich nicht in der Haut des Mahuts stecken, der achtlos seine Kippe aus dem Fenster geworfen hat.

Tippi sitzt bequem in ihrem Kindersitz auf der Rückbank des Jeeps und beobachtet alles voller Aufmerksamkeit. Die Hitze verstärkt ihren Durst und sie trinkt noch mehr als sonst. Ständig verlangt sie nach »yu«, obwohl sie seit Beginn der Fahrt schon ein Dutzend Fläschchen mit Fruchtsaft geleert hat. Der Müllsack mit ihren nassen Windeln wird immer schwerer.

In Afrika tragen die Babys noch sehr oft Stoffwindeln. Vor Tippis Geburt hatten Alain und ich geübt, die Windeln nach den Anweisungen eines Handbuchs für Säuglingspflege zusammenzulegen. Ich hatte einen großen Vorrat davon gekauft. Aber Stoffwindeln müssen gewaschen werden. Zum Waschen wiederum braucht man Wasser, viel Wasser, kostbares Wasser, das wir niemals vergeuden. Mehr zum Spaß haben wir ausprobiert, was man hier die »Buschwaschmaschine« nennt: Die schmutzige Wäsche wird mit Wasser und Waschpulver in einen Waschkessel gegeben. Man schließt ihn hermetisch und befestigt ihn auf dem Dach des Jeeps. Ein Tag auf der Piste und die Sache ist erledigt: Bei dem Geholper wird die Wäsche geschüttelt und gerieben wie in einer Trommelwaschmaschine. Das ist zwar lustig, aber es gab schon praktischere Erfindungen. Außerdem braucht man Platz zum Aufhängen, egal wie man wäscht. Also kaufe ich ohne Rücksicht auf unser Budget riesige Mengen Wegwerfwindeln und dazu Unmengen von Breigläschen, wann immer wir in Windhoek sind. Unterwegs halten wir niemals an, um Mittag zu essen. Das Rindfleisch mit Karotten oder die Nudelsuppe kommen frisch aus dem Minikühlschrank, der über den Zigarettenanzünder mit Strom versorgt wird. Tippi isst mit großem Appetit. Der Busch, der an ihren Augen vorüberzieht, hypnotisiert sie. Ihr Kopf schaukelt hin und her. Nono fest an sich gepresst und unempfindlich für die Unebenheiten der Straße, döst sie ein. Mittagsruhe.

Vor Einbruch der Nacht macht der Konvoi halt. Die Mahuts sammeln mit Buschmessern Äste für die Elefanten. Tippi springt aus dem Jeep und saust zu Randalls Lastwagen, wo sie durch eine offene Seitentür Abus riesigen, von einer Kette umschlossenen Fuß gesehen hat.

»Abu! Ich komme, Abu!«

Ich fange sie ein, bevor sie auf den Anhänger klettern kann. Sie ist empört. Warum lasse ich sie nicht zwischen die Elefantenbeine kriechen? Sie wollte doch nur Abu Guten Tag sagen.

Die Mahuts kommen mit Armen voll Mopane-Zweigen zurück, deren zähe Blätter die Elefanten über alles lieben.

Randall wird in der Kabine seines Lastwagens übernachten. Wir können es uns in dem staubigen Unimog gemütlich machen. Tippi schläft mit ihrem Nono auf einem Pareotuch ein.

Als ich gerade die Augen schließe, ertönt ein schriller Schrei. Der Unimog schaukelt. Türen knallen. Noch mehr Geschrei: »Mafunyane! Es reicht!«

Das sind die Elefantenkinder, die sich im Anhänger kabbeln. Die heftigen Spiele dieser jungen Riesen lassen das ganze Fahrzeug erbeben. Ein paar Schläge gegen die Stangen rufen sie zur Ruhe und vorläufig kehrt Stille ein.

Im Strahl der Taschenlampe schaue ich auf Tippi. Sie schläft tief, man hört nur ab und zu ein leises Quieken: Sie nuckelt auch im Schlaf an ihrer Flasche und die Luft, die in den Sauger strömt, verursacht ein komisches Geräusch.

Immer wieder beklagen sich die eingesperrten Elefanten mit schrillem Trompeten. Die ganze Nacht bewegen sie sich in ihrem allzu engen Gefängnis. Ihr Jammern und ihre Streitereien halten uns wach. Am frühen Morgen öffnen wir erschöpft unsere müden Augen.

Tippi steht bereits seit dem ersten Sonnenstrahl auf der Rückbank. Sie hat die Nase an die Scheibe des Unimog gepresst und lacht über die kleinen Dickhäuter, die im Anhänger drängeln und die Rüssel zwischen den Latten hindurchschieben. Ausgeruht und voller Energie verlangt sie ihr Frühstück. Ich gieße Kakao in ihr Fläschchen, damit ist sie eine Weile ruhig gestellt.

Randall hat es eilig, zu Buck zu kommen, wo er die Elefanten ausladen und ordentlich versorgen kann. Dort werden sie gewaschen und gefüttert, ehe sie am nächsten Morgen im frisch gereinigten Lastwagen und Anhänger weiterfahren.

Sylvie

Buck de Vries, ein riesiger Bure mit lebhaften Augen, in denen die Dämonen der Leidenschaft und Geldgier funkeln, hat in Rhodesien an der Seite der Weißen Krieg geführt. Später war er an zahlreichen *Cullings* beteiligt, jenen Massentötungen von Elefanten, mit denen man in Simbabwe der Überpopulation der Dickhäuter Herr zu werden sucht. Heute schießt er nicht mehr, sondern macht Geschäfte. Auf seiner Farm hat er Lodges für Touristen gebaut, um die sich einer seiner Söhne kümmert. Ein zweiter leitet die Krokodilfarm. Buck hat diese Zucht angelegt, weil vor vielen Jahren ein anderer seiner Söhne von einem Krokodil getötet wurde, als er im Karibasee badete. Manchmal zeigt man seltsame Reaktionen, wenn man zu lange im Busch gelebt hat.

Doch die Elefanten sind nach wie vor sein Spezialgebiet: Er holt sich die Jungtiere, die von der Ausrottung einer Herde verschont bleiben. Sie werden auf seiner Farm in Gehege gesperrt, wo man die kleinsten, die noch nicht abgestillt sind, Tag und Nacht füttert, bis sie selbst mit ihrem Rüssel die Milch einsaugen können.

Die Größeren bekommen Laub und *horse's cubes*, gepresste Süßgräser, die eigentlich an Pferde verfüttert werden. Die Elefanten lernen, auf einen Lastwagen hinauf- und wieder hinunterzusteigen, damit sie auf den Tag vorbereitet sind, da sie an einen Zoo, ein Reservat oder auch an Randall Moore verkauft werden.

Während Alain filmt und ich Buck interviewe, hat Tippi ihre Freunde wieder gefunden, die zwei unzertrennlichen Elefantenkinder Hathi und Stompie, wobei Letzterer ihr eigentlicher Liebling ist: Als er noch in der Wildnis lebte, biss ihm ein Löwe die Rüsselspitze ab, weshalb er sich nicht allein versorgen kann.

Tippi stellt sich auf die Zehenspitzen, um ihn mit Laub zu füttern, das er vorsichtig aufnimmt. Auch füttert sie mit Begeisterung die Krokodile.

»Sie freuen sich, Tippi zu sehen«, erklärt sie. Vor ihr kämpfen die Saurier mit wilden Schwanzhieben und Bissen um die Fleischstücke. Es soll ja auch kleine Mädchen geben, die mit Puppen spielen …

Der Stern der Spinne

Sylvie

»Komm mit, Mama, ich habe einen neuen Freund.« Tippi nimmt meine Hand und zieht mich mit sich. Ziemlich flott für ihre kleinen Beine und mit ihren dicken Windeln marschiert sie einen der schmalen Wege entlang, die Alain für sie gebahnt hat.

»Darf ich ihm Guten Tag sagen?«

Durch die Blätter hindurch sehe ich in wenigen Metern Entfernung einen großen Elefantenbullen stehen, der gerade die Nüsse von einer Palme schüttelt, um sich daran satt zu fressen. Und Tippi will ihn selbstverständlich begrüßen und seine Bekanntschaft machen. Ein Glück, dass sie mich geholt hat. Starr vor Schreck halte ich sie zurück.

»Sehr schön, mein Liebes«, flüstere ich ihr ins Ohr. »Du musst immer zu mir oder zu Dadou kommen, wenn du ein Tier triffst. Dieser Elefant möchte nicht gestört werden. Also machst du keinen Lärm und lässt ihn in Ruhe seine Nüsse fressen. Und du gehst nicht näher heran.«

Bald stellen wir fest, dass der Einzelgänger Stammgast auf unserer Insel ist. Manchmal kommt er nachts ganz nah an unser Zelt und frisst die Blätter von den Ästen. Als ich einmal im Halbschlaf hinausgehe, um herauszubekommen, wer für diesen Radau verantwortlich ist, blitzt im Widerschein der Taschenlampe mindestens drei Meter über dem Boden ein Auge auf. Da ich weiß, dass der Elefant niemals auf das Zelt trampeln würde, krieche ich ganz leise wieder ins Bett. Die einzige Gefahr besteht darin, dass er beim Abreißen der Blätter einen Ast abbricht, der auf das Zelt fallen könnte, aber das kommt nur selten vor, und wir haben es glücklicherweise nie erlebt. Manchmal weckt der Lärm Tippi auf. Dann sagt sie ganz leise: »Hörst du? Er isst. Wir müssen ihn schön in Ruhe lassen.«

Alain

Als wir unsere beiden Filme über die Elefanten und Wildhunde aus Geldmangel zum Abschluss bringen müssen und das empfindliche Gleichgewicht unseres Lebens einmal mehr zerbricht, sind wir gezwungen, Santawani zu verlassen. Bei einer Frankreichreise werden wir, die Nomaden aus Afrika, mithilfe des Kredits, den uns ein verständnisvoller, von den Erdmännchenfilmen begeisterter Bankier ohne Probleme gewährt, Eigentümer eines alten Hauses in den Landes. Als wir das mitten im Wald gelegene Grundstück besuchen, ist es von hohem Unkraut umgeben und Tippi, die noch nie so grünes Gras gesehen hat, ist begeistert.

172

173

Das »Grashaus« wird zu unserem Anlaufpunkt zwischen einem weiteren Aufenthalt in der Kalahari bei George und Shân Mennie und erneuten Dreharbeiten in Botswana, wo ich als zweiter Kameramann für den Spielfilm *Der Herr der Elefanten* von Patrick Grandperret arbeiten werde.

George und Shân Mennie haben uns während der Erdmännchenjahre oft bei sich aufgenommen und sind uns immer treu geblieben. Jedes Mal, wenn wir dort waren, kehrten wir in »unser« Haus zurück, das eine Dreiviertelstunde von ihrer Farm entfernt ist, Rooipad, »der rote Weg«, ein altes, etwas verfallenes Gebäude inmitten von Tausenden Hektar Dünen. Bei den Mennies ließen wir unsere Campingausrüstung zurück, als wir die Kalahari verließen. Bei ihnen hatte Sylvie, als sie schwanger war, auch Tip das Erdmännchen in die Freiheit zurückgeschickt. Das Land der Mennies erstreckt sich bis auf die andere Seite der Grenze zu Südafrika, ein paar Dutzend Kilometer Luftlinie von Nossob entfernt. Die beiden hatten dort ein Feriendorf errichtet und hofften auf den Aufschwung des Tourismus. Als Namibia jedoch seine Unabhängigkeit erlangte, erklärte Le Riche alle Bürger des neuen Staates, Weiße wie Schwarze, zu Terroristen und schloss das Tor von Mata-Mata, die Verbindung nach Namibia, die auch zu den Mennies führte. Die ohnehin schon seltenen Touristen konnten nun nicht mehr über die Grenze. Alles wurde schwierig. George, der gute George, immer herzlich, immer hilfsbereit, hatte beim Bau der Lodge Schulden gemacht. Außerdem ertrug er die Hitze nicht mehr. Er wurde depressiv und nahm sich das Leben.

Als wir 1993 in die Rote Wüste zurückkehren, wo ich wieder eine Zeit lang als Jagdführer arbeiten werde, um unsere Freiheit zu finanzieren, öffnet uns

seine Witwe Shân die Tür von Rooipad. Wie immer bei unserer Ankunft nimmt auch diesmal ein Erdmännchenpärchen Reißaus, und so sieht Tippi von weitem ihre ersten wilden Erdmännchen. Tagelang sucht sie mit Sylvie nach Tip und fasziniert hört sie ihre Mutter erzählen, wie wir das kleine Weibchen nach langem Zögern adoptiert hatten, weil wir es aus Prinzip ablehnen, in das Leben der wilden Tiere einzugreifen. Sylvie erzählt ihr, wie Tip während der Langstreckenflüge zwischen Afrika und Frankreich in einem Pareo an ihrem Bauch sitzen musste. Wie dieser kleine blinde Passagier in einem geschlossenen Korb über die Grenzen getragen wurde. Wie Tip in den Straßen von Paris davonlief, wo Sylvie sie im Wartesaal eines Tierarztes von den Knien eines verdutzten Mannes einsammelte, der sich erklären lassen wollte, was für ein niedliches Tierchen er da

von einem Falken angegriffen wurde und sich aus
dessen Fängen befreite – ein sicheres Zeichen, dass
es den Gefahren der Kalahari begegnen konnte …
Als wir ein paar Monate später wieder in Frankreich
sind, gehören Tips Odyssee und die Abenteuer des
Clans um Cicatrice immer noch zu den Lieblings-
geschichten von Tippi der Afrikanerin, die im
Pausenhof des französischen Kindergartens sofort
ihren Platz findet. Sie hat nichts von einer Wilden.
Während ihrer Ferien in Frankreich mit den Cou-
sins und Cousinen hat sie sich daran gewöhnt, sich
in die Gemeinschaft anderer Kinder zu integrieren,
und alle Regeln gelernt, die das Leben in der
Gruppe erleichtern.
Sie spricht französisch und englisch, wenn auch
manchmal mit einem recht seltsamen Wortschatz.
Verständnislos zieht Sylvie die Brauen hoch, als
Tippi eines Tages von einem »Morning« spricht. Sie
meint einen »Schwarzen«. Jeden Morgen, wenn Bell
in Santawani zu uns kam, begrüßten Sylvie und ich
ihn mit »morning«. Für die damals noch sehr kleine
Tippi verband sich das Wort mit der Hautfarbe,
und so nennt sie ihre afrikanischen Freunde nach
wie vor »Mornings«.

eingefangen hatte. Sie erzählt Tippi, wie sie bei einer
anderen Flucht, diesmal in Lyon, in allen Gärten
von Saint-Didier bis zum Mont-d'Or den Warn-
schrei der Erdmännchen ausstieß, um Tip wieder zu
finden, ein schrilles Grollen, das »Gefahr, komm
schnell zurück!« bedeutet. Wie das winzige Tierchen
unseren Dackel Bibounet terrorisierte und später in
Joburg die dänischen Hunde der Nachbarn, indem
es sich an ihre Ohren hängte. Wie es auf der Ranch
von George und Shân Mennie, wo es noch eine
Weile blieb, ehe es sich für die Freiheit entschied,

Sylvie und Tippi kommen zu den Dreharbeiten von
Grandperrets Film nach Botswana. Alle Szenen, in
denen Elefanten auftreten, werden mit Abus Herde
gedreht, die inzwischen noch gewachsen ist. Randall
hat mit dem Schiff aus Colombo seinen dreizehnten
Elefanten geholt, Bibi, ein Weibchen, das ihm der
Präsident von Sri Lanka geschenkt hat.
Im September 1994 erzählt mir Randall, dass er
angesichts der Neuverteilung der Konzessionen im
Okavango-Gebiet bei den Behörden von Botswana
eine Bewerbung eingereicht hat. Das Delta ist in
mehrere Gebiete aufgeteilt, die das *Land Board* und

das *Wildlife Department* an Tourismusunternehmen verpachten: für die Jagd, Fotosafaris, Lodges …
»Wenn es klappt, bist du dabei, Alain. Ich brauche deine Buscherfahrung. Du kannst alles machen, wozu du Lust hast, filmen, forschen … Du suchst dir ein märchenhaftes Plätzchen. Das Gelände ist groß genug, um ein eigenes Camp einzurichten. Es wird ein Paradies, wir werden viel Spaß haben.«
In Afrika arbeiten, in der Wildnis, mit einem Freund. Ein neues Camp einrichten mit Abu ganz in der Nähe.
»Suupeeer!«, ruft Tippi, die vor Lebensfreude strahlt.
Die Dreharbeiten machen ihr großen Spaß. Seit ihrem letzten Aufenthalt in Frankreich, im Land der kleinen, von Märchen in den Schlaf gewiegten Mädchen, sieht sie überall ihren Traumprinzen, so auch in Erwan Baynaud, dem jungen Hauptdarsteller des Films. Sie spielt oft mit Abu, badet noch öfter in allen möglichen Tümpeln, was mich nervös macht, und scheint kein bisschen unter der unerträglichen Sonne zu leiden. Nie trägt sie einen Hut. Ihre dicke Mähne ist Schutz genug.
In Maun grassiert ein seltsamer Virus. Fieber, Schwäche, Schwindelgefühl, Infektion der Atemwege … Es dauert einen Monat, bis man ihn los ist. Alle hat es erwischt, auch Sylvie und mich. Tippi, leicht verschnupft, ist nach einem halben Tag wieder gesund.
In diesem Jahr machen die Tsetsefliegen das Leben im Okavangodelta zur Hölle. Sie verschlingen uns bei lebendigem Leib. Normalerweise ist man nach ein paar Wochen immun und die Stiche stören einen nicht mehr. Diesmal hört das Leiden nicht auf. Jeden Abend sind wir blutig und verquollen. Die Tsetsefliegen sammeln sich in den Jeeps zum Angriff.

Tippi krümmt sich vor Lachen, wenn sie uns aus dem Wagen stürzen und mit den Armen wedeln sieht. Bei ihr keine einzige Fliege und kein einziger Stich! Eines Morgens jedoch kommt sie schluchzend zu Sylvie gerannt:

»Ich sterbe!«, schreit sie. »Ich bin vergiftet! Es brennt!«

Sie hat mit ihrer afrikanischen Freundin Tunana Chilischoten genascht.

»Ich dachte, es sind Mohrrüben mit Körnern …«

Trotz ihrer Geschicklichkeit fällt sie manchmal von einem Baum, Termitenhügel oder Stein. Doch nicht oft, wenn man die waghalsigen Klettertouren bedenkt, die sie jeden Tag vollführt. Arnika für einen blauen Fleck, Honig für die Kratzer und schon rennt sie wieder davon.

Im November erhält *Elephant Back Safaris,* das von Randall gegründete Unternehmen, die ersehnte Konzession. Sie tritt im Januar in Kraft. Inzwischen suchen wir mit dem Hubschrauber bereits nach den besten Standorten für die verschiedenen Camps. *Abu's Camp* wird an seinem Platz bleiben, denn Randall möchte die Infrastruktur seiner früheren Kompagnons übernehmen. An der Nordgrenze liegt eine wunderbare kleine Insel, die sich sehr gut als Ort für unser persönliches Camp eignen könnte. Ich würde dort einen Bungalow bauen. Bei Überschwemmung könnten wir mit dem Mokoro fahren, einem Kanu, das die Afrikaner im Delta aus einem einzigen Stamm schneiden, den sie erst fällen, wenn die Arbeit beendet ist. Vor der Terrasse zwischen Schilf und Papyrus würden die Flusspferde schwimmen und in den riesigen Ficusbäumen ebenso viele Vögel zwitschern wie in Santawani …

Als wir Anfang 1995 aus Windhoek zurückkommen, ist Randall nicht in Maun. Seine Gesellschaft sitzt in provisorischen Fertigteilbüros und hat bereits einen Direktor, der uns von den jüngsten Ereignissen berichtet. Die ehemaligen Inhaber der Konzession, für die Randall bisher gearbeitet hatte, haben die gesamte Infrastruktur von *Abu's Camp* abbauen und sogar die Wege mit Laub und Zweigen bedecken lassen. Um seine ersten Kunden zu empfangen, musste Randall überstürzt ein Camp errichten, Personal einstellen, Fahrzeuge kaufen … Als er eintrifft, ist er sehr angespannt, spricht von Sitzungen, dem Organigramm seines Unternehmens, von Entscheidungen, die zu treffen sind, und der Arbeit, die wir erledigen sollen. Business bleibt Business – Freundschaft hat darin offenbar nichts zu suchen.

Gehalt? Erst mal gar keins, auch würden wir uns in diesem Jahr mit wenig begnügen müssen. Unser Camp? Nicht sofort. Unsere Aufgabe, über die nicht diskutiert wird: das Safari-Jagd-Camp im Herzen des Gebietes einzurichten. Der Plan, »sich gut miteinander zu amüsieren«, ist natürlich in der Versenkung verschwunden! Ein anstrengendes Gespräch. Wir fühlen uns nicht wohl, versuchen uns jedoch zu beruhigen: Dieses unerträgliche Chefgehabe wird nicht andauern. Sicher liegt es an der Müdigkeit und der unsicheren Zukunft.

Glücklicherweise ist das zu errichtende Camp zwei Stunden von *Abu's Camp* entfernt und sein künftiger Leiter, der berühmte Profi-Jäger Harry Selby, ist nicht nur eine Legende, sondern auch ein Gentleman und angenehmer Gefährte. Anfang April ist alles fertig, die Arbeit ist in entspannter Atmosphäre verlaufen, auch wenn man vergessen hat, uns mit Nachschub zu versorgen. Tippi hat einen neuen Prinzen gefunden, den hässlichsten und faulsten Afrikaner der Mannschaft, der als Einziger immer Zeit für sie hat.

Sobald wir wieder in *Abu's Camp* sind, bestellt uns

Randall in sein Büro nach Maun. Während der sechsstündigen Autofahrt versinken Sylvie und ich in düsteren Gedanken und wechseln kaum drei Worte. Hoffentlich ist Randall nicht so scheußlich wie beim letzten Mal!

»Ich weiß, dass ihr im Moment nicht zufrieden seid«, begrüßt er uns. »Entweder ihr akzeptiert meine Bedingungen oder wir trennen uns.«

Der Ton ist vorgegeben. Wir sind erschüttert und hören die Fortsetzung nur noch mit halbem Ohr.

»Ich habe keine Zeit zum Diskutieren. Alain, ich will, dass du dich um den Schutz vor Wilderern kümmerst. Du musst ein einfaches Camp einrichten, das dir als Basis dient.«

Sylvie versucht vergeblich zu erklären, dass wir niemals Angestellte sein werden, die man anschnauzen kann, dass wir uns immer für Lebensqualität und Freiheit entschieden haben. Randall hört nichts, versteht nichts.

»Wir sehen uns morgen früh zur Sitzung«, schließt er.

Sylvie

Die kleinen Schilfhütten des *Crocodile Camp* stehen am Ufer des Flusses. Ein sehr netter Ort, an dem wir oft schlafen, wenn wir in Maun sind. An diesem Abend haben wir eine Luxushütte gemietet, mit Badezimmer und Bett auf einem Podest. Tippi liegt in ihrem verbeulten Babybett unter dem großen grünen Moskitonetz. Sie hat den Nachmittag im kleinen Swimmingpool verbracht, den das *Crocodile Camp* neuerdings seinen Gästen anbietet, und ist sehr schnell eingeschlafen. Alain und ich beraten. Die Entscheidung, die wir gemeinsam treffen müssen, betrifft unsere Zukunft. Um vier Uhr morgens,

wir haben noch kein Auge zugemacht, beginnt Tippi zu jammern.

Ich gehe die drei Stufen hinunter, taste mich zu ihrem Bett und vermute, dass sie im Schlaf Pipi gemacht hat. Die Fahrt bis nach Maun und ihr wildes Treiben im Swimmingpool haben sie wahrscheinlich so erschöpft, dass sie nicht rechtzeitig aufgewacht ist. Vorsichtig schiebe ich das Moskitonetz beiseite und nehme Tippi in die Arme, nachdem ich festgestellt habe, dass das Bett trocken ist.

»Was ist los, mein Liebling? Fühlst du dich nicht gut?«

Sie schläft noch halb, jammert aber weiter.

Ich mache Licht. Tippi hat Schmerzen und zeigt auf eine Stelle an ihrem Kopf. Ich schiebe die dichten Haare beiseite ... eine riesige strohgelbe Spinne hat sich auf ihrem kleinen Ohr niedergelassen und klammert sich mit allen Beinen an der zarten, stark geröteten Haut fest. Ich reiße das Tier herunter, Alain zertritt es. Zum Glück hat die Spinne nicht gebissen, sondern nur gekniffen. Tippi schläft bei uns weiter. Sie will nicht in ihr Bett zurück:

»Und wenn da noch eine ist?«

Am Morgen möchte ich wissen, ob Tippi sich an ihr nächtliches Abenteuer erinnert.

»Hast du gut geschlafen, Tippi?«

»Ja, ich habe gut geschlafen ... Ach nein, ich habe nicht gut geschlafen!«

»Was hattest du denn?«

»Ich hatte eine Spinne am Ohr.«

Ich will die Sache nicht aufblasen und sage nur »Ach so!«

»Was heißt hier ›Ach so!‹?«, empört sich Tippi, als würde ich mich über sie lustig machen. »Du weißt genau, dass ich eine Spinne im Ohr hatte!«

Etwas später spielt sie friedlich an einer Akazie:

»Mama, guck mal, ich habe eine andere Spinnen-

freundin gefunden. Glaubst du, dass sie auch ihren Stern in meinem Ohr weben will?«

Ich muss lachen, obwohl mir das Herz schwer ist. Ich weiß, dass sich Alain in diesem Moment mit Randall trifft.

Alain

In wichtigen Dingen sind Sylvie und ich uns immer einig. In diesem Fall stellen wir beide fest, dass Randall sich nicht mehr wie der Freund verhält, den wir mögen, und dass das versprochene Paradies zu einem Albtraum geworden ist. Wir ziehen die gleiche Schlussfolgerung: Nein.

Wir ersparen uns die Betriebsversammlung. Später suche ich Randall auf, um ihm mitzuteilen, dass wir fortgehen werden:

»Wir sind nicht glücklich, und wir wollen die Freundschaft zu dir nicht zerstören. Also gehen wir besser.«

»Ich verstehe dich nicht Alain. Wer wird jetzt den Zweisitzer fliegen, den ich gerade angeschafft habe? Und wer kümmert sich um die Wilderer? Ich hatte sogar schon daran gedacht, die ULM zu kaufen.«

»Randall, wir wollen nicht bleiben. Du bist nicht mehr derselbe.«

»Es ist schwierig, ein Unternehmen zu leiten.«

»Sicher.«

»Und wenn ihr weggeht, was wollt ihr dann machen?«

»Wir fahren weg, ich weiß nicht, was wir machen werden.«

Und es stimmt, ich habe nicht die geringste Idee, wie die Zukunft nach dieser Trennung aussehen wird.

»Du weißt, wo du mich findest, Alain.«

Er sieht mich lange und nachdenklich an.

»It hurts«, sagt er dann.

Als ich das Büro von *Elephant Back Safaris* verlasse, gebe ich dem Generaldirektor mein bestes Messer, das mir während all der Jahre in Afrika nützliche Dienste erwiesen hat, und bitte ihn, es Randall Moore zu schenken. Es ist ein sehr schönes Messer, eine Handarbeit aus Orlando in den USA, Marke Randall.

Der stärkste Leopard der Welt

Alain

Auch bei größter Hitze lässt Soren Lindstrom niemals seine beeindruckenden Narben sehen. Sie sind die Erinnerung an einen Kampf, den er mit bloßen Händen gegen einen Löwen geführt hat. Er ist als Sieger aus dieser tödlichen Begegnung hervorgegangen, aber er hat durch die Raubkatze seinen halben rechten Arm verloren. Soren, der fünfundfünfzigjährige Riese skandinavischer Abstammung, ist in Kenia geboren und lebt seit den siebziger Jahren in Botswana.

Nach der Trennung von Randall nehmen er und seine Frau Caroline uns für ein paar Tage bei sich in Maun auf. Ihre Freundlichkeit und ihre gute Laune tun uns wohl; wir erkennen uns wieder in ihrer Suche nach Glück, in ihrem Willen, sich nicht von Mittelmäßigkeit auffressen zu lassen. Sylvie und Caroline verstehen sich gut. Soren und ich diskutieren stundenlang. Er bedauert zwar, dass ich den Okavango verlasse, aber er meint, dass ich Recht hatte, Randalls Verhalten nicht zu akzeptieren. Ich soll meinem eigenen Weg folgen. Ja, aber welchem? »Mach dich auf«, empfiehlt er mir, »ich bin sicher, dass du ihn finden wirst. Du hast Tippi. Wie könntest du mit ihr unglücklich sein?« Das ist wahr, ich habe Tippi, ihr schallendes Lachen, ihre Energie. Man kann nicht verzweifeln, wenn man Tippi hat.

Sie steht von jeher hoch im Kurs bei den knochenharten Buschleuten. In Maun wird sie von ihnen geradezu als Maskottchen betrachtet. So etwas wie Tippi haben sie noch nie gesehen. Wenn sie den Tieren so nah sein kann, müsste sie sich dann nicht eigentlich auch wie ein kleines wildes Tier benehmen? Eben nicht! Sie geht auf die Menschen zu, fühlt sich überall wohl, sie liebt die Gesellschaft der legendären Jäger ebenso wie die gleichaltriger Kinder. Wenn wir früher nach Maun kamen, um einzukaufen, rannte sie davon, kaum das der Jeep angehalten hatte, um sich Freunde zu suchen. Nach wenigen Minuten war sie von einer ganzen Bande kleiner Afrikaner umringt, und dann wurde gelacht, getobt, in alle Richtungen gerannt, geplappert, ein blonder Schopf inmitten der schwarzen Köpfe. Bei dem Lärm kamen die Mütter aus ihren Hütten, lächelten und schwatzten fröhlich miteinander. Tippis Ankunft war ein Ereignis und verbreitete überall Freude. Dank ihrer waren alle Menschen nett zu uns.

»Tippi hat wirklich eine unglaubliche Begabung im Umgang mit Tieren, kleinen oder großen«, erklärt Soren. »Das Foto mit Abu in *Baines Baobab* ist ein einmaliges Dokument! Mach mehr davon! Mit anderen Tieren.«

Warum nicht? Ein Album von Tippi und ihren Spielgefährten.

190

»Das wird jeder gern sehen«, ergänzt unser Gastgeber.

Anscheinend liegt tatsächlich etwas Magisches in der Beziehung meiner Tochter zu den Tieren. Es ist wie eine Utopie, die Wirklichkeit wird. Was mich vor allem daran fasziniert, ist der Gegensatz zwischen Tippis Zartheit und der Kraft ihrer »Kumpel«. Beschlossene Sache. Das machen wir! Abgesehen von neuen Reifen für den Jeep hat uns die Episode Randall Moore nichts eingebracht. So ziehen wir völlig pleite von dannen. Doch außer dem Toyota bleibt uns noch die Campingausrüstung und überall erwarten uns Freunde, die wir in den zwölf Jahren Afrika gefunden haben. Unser Plan: Die gesamte Reise mit Tippi zu wiederholen: Namibia, Botswana, Simbabwe … Nach Südafrika werden wir nicht fahren – es gibt zu viele schmerzhafte Erinnerungen. Irgendwann vielleicht, wenn sich die politische Situation dort beruhigt hat.

Sylvie denkt wie immer positiv:

»Wir werden nicht nur fotografieren, sondern auch all die Orte wieder sehen, an denen wir uns wohl gefühlt haben. Das ist eine gute Gelegenheit, einen Platz zum Leben zu finden und neue Ideen zu entwickeln.«

Erste Etappe: Kasane, wo wir unsere Freunde Steven Grieser und Jane Elliot treffen. Steven, den wir über die Filmerei kennen gelernt haben, ist ein etwa dreißigjähriger Bure. Er gehört für mich zu den großartigsten Buschführern. Ich war dabei, als es zwischen ihm und Jane gefunkt hat, so etwas verbindet. Jane leitet das Reisebüro *Into Africa* im *Mowana,* einem der vornehmsten Hotels im Süden Afrikas am wunderschönen Chobe-Fluss.

Kasane hat sich seit unserem ersten Besuch sehr verändert. Dem *Mowana* sind inzwischen mehrere

andere Häuser von hohem Standard gefolgt, alles in sehr gepflegter Umgebung: Das schmutzige Kaff ist verschwunden, nur die wunderbare Landschaft ist geblieben. Wir hatten damals mit dem Filmteam im *Mowana* gewohnt, jetzt überlässt uns Jane ihr Zimmer und zieht gern für ein paar Tage in Steves Bungalow.

Gelegenheit zur Entspannung und für Tippi ein Paradies. Steven, der sie vergöttert, reitet mit ihr herum. Ein fröhlicher simbabwischer Angestellter fährt mit ihr und seinem vierjährigen Sohn in seinem Mokoro über den Chobe-Fluss, um den zahlreichen Elefanten beim Baden zuzusehen. Tippi jubelt vor Freude. Ich muss an ihre letzte Begegnung mit Abu denken, vor meinem Gespräch mit Randall. Die beiden hatten einen wunderschönen Tag miteinander verbracht, wie zwei alte Freunde. Abu war ganz allein bei der kleinen Lagune geblieben, während die anderen Elefanten etwas weiter zogen, um sich zu erfrischen. Ganz in der Nähe wachte David, Randalls bester Mahut, der die Spiele von Abu und Tippi immer aufmerksam verfolgte.

Als ich die beiden beobachtete, sie so klein, er so riesig, fragte ich mich einmal mehr, wie sie sich verständigten, in welchem Universum ihre Welten einander begegneten. Wenn sie so intensiv miteinander spielten, konnte man annehmen, Tippi sei sich ihrer Unterschiede gar nicht bewusst. Spürte sie eine besondere Kraft, die ihr Abu schenkte?

Auf der Straße zum Hotel brüllt Tippi plötzlich los: »Stopp, Dadou, stopp! Da, guck doch mal!« Ich sehe nichts, Sylvie auch nicht. Ich trete auf die Bremse. Tippi springt aus dem Jeep, rennt zum Straßenrand, bückt sich und hebt ein Chamäleon auf. So ein Chamäleon ist nicht groß, ich weiß

nicht, wie sie es trotz seiner Tarnfarbe sehen konnte. Tippi, die mit Recht überzeugt ist, das Tier gerettet zu haben, will es nicht mehr hergeben. Also fährt es mit uns in Richtung Simbabwe zu Buck de Vries, der nächsten Etappe unserer Reise. Wir müssen oft anhalten, damit Tippi ihren neuen Freund Léon zur Heuschreckenjagd führen kann, aber wir sehen ihr gern dabei zu. Sie späht mit ihm nach den Insekten und streckt wie er jedes Mal die Zunge raus, wenn er seine Beute packt.

Unser Freund Buck hat sich sehr verändert. Seit unserem letzten Besuch wäre er beinahe an Malaria gestorben. Er ist sehr geschwächt, deshalb lädt uns sein Sohn Penni in seine kleine Lodge »Good Luck« ein. Stompie und Hathi sind gewachsen. Sie bereiten Tippi einen begeisterten Empfang.

Als Nächstes halten wir an den 120 m hohen Victoria Fällen, die dem Sambesifluss den Weg versperren. Die Luft ist gesättigt von Wassertröpfchen, und in dieser Feuchtigkeit entfaltet sich eine so üppige Vegetation, dass es unter den Bäumen völlig dunkel ist. Tippi interessiert sich viel mehr für die kleinen Affen, die von Ast zu Ast springen, als für das Schauspiel des riesigen, halbrunden Wasserfalls. Keine Chance, sich angesichts der Erhabenheit der Natur zu sammeln: Wir müssen Tippi hinterherrennen, die die Grünmeerkatzen verfolgt.

Schließlich fahren wir über den *Caprivi Strip,* der ganz anders ist als der Rest des Landes, nach Windhoek. Von dort geht es quer durch Namibia: Damaraland, die Namib-Wüste, Lüderiz, die Pinguininsel, der Wald der »quiver trees« … Eine wundervolle Strecke, aber nicht einfach und ziemlich ermüdend. Tippi hält wie immer genau so gut durch wie wir. Wenn nicht sogar besser!

Vor uns liegt der wichtigste Teil unserer Reise, das einsame Haus in den Dünen der Kalahari, wo wir so gern gelebt haben. Shân Mennie wird es uns nicht mehr überlassen: Sie hat all ihre Tiere schlachten lassen und das Land verkauft. Unsere einzige Hoffnung ist, dass uns der neue Eigentümer Rooipad vermietet. Sylvie erreicht ihn telefonisch, und er lädt uns ein, zu ihm zu kommen und mit ihm zu reden. De Villiers ist jung, dynamisch, perfekt organisiert, und er hat sehr reiche Partner. Er hat beschlossen, die touristischen Aktivitäten auf der Ranch zu verstärken. Wir könnten ihm helfen, indem wir beim namibischen Minister vorstellig würden und ihn bäten, das Tor von Mata-Mata wieder zu öffnen. Man könnte sich gegenseitig unterstützen. Ich könnte Jäger aus Frankreich herbringen, und er würde uns Rooipad überlassen. Wir müssten es allerdings selbst wieder herrichten, dann würde es uns gehören. Ja, warum nicht? De Villiers will noch nicht zusagen, er muss seine Partner fragen, aber unsere Vorschläge kommen ihm sehr vernünftig vor. Er ist ausgesprochen liebenswürdig.

Endlich ein Plan, der uns nach Jahren zurück in die Kalahari bringt! Mit dieser wunderbaren Hoffnung kehren wir überglücklich nach Windhoek zurück. Tippi weiß, dass sie in Rooipad »bei den Erdmännchen« wohnen wird.

»Das schmeckt mir!«, erklärt sie.

Während der ganzen Reise hat sich ihre Leidenschaft für die Tiere immer wieder gezeigt. Sie verfügt über eine für ihr Alter unglaubliche Geduld. Außerdem hat Tippi niemals Angst, was Sylvie und mir oft Sorgen macht. Auf der Ranch von David und Peta Muller wird sie uns ein weiteres Beispiel für ihren Wagemut geben.

Tippi hat zwei große Heuschrecken gefangen. Mit einer Hand schiebt sie die Strähne zurück, die der Wind ihr über die Augen weht, mit der anderen streichelt sie das sich an ihre Schulter klammernde Chamäleon und murmelt, während sie sich mit der Zunge über die Lippen fährt:

»Mmmm, das ist lecker, Léon, guck mal.«

Ganz langsam hockt sie sich hin und schleicht auf das Gebüsch zu, das sie als Jagdterrain für ihren kleinen Freund auserkoren hat. Sie bewegt sich ganz vorsichtig und ohne einen Zweig zu berühren. Wie immer trägt sie als einziges Kleidungsstück ihre alten Tiger-Shorts, und da ihre Haut von der Sonne

so golden ist wie der feine Sand, passt sie sich ebenso perfekt der Umgebung an wie Léon. Unter der
grasfarbenen Mähne verbergen die gesenkten
Wimpern den Glanz ihrer Augen.
An diesem Abend ist das Licht so klar, dass ich
Sylvie vorschlage, mit Tippi zum ausgetrockneten
Flussbett unterhalb der Farm zu kommen, um ein
paar Fotos zu machen. Wir sind am frühen Nachmittag auf der Ranch angekommen, die weniger als
eine Autostunde von Windhoek entfernt liegt. Wir
werden ein paar Tage bei unserem Freund David

Muller verbringen, und Tippi freut sich, den Leoparden J&B wieder zu sehen. Ich habe ihr nicht
gesagt, dass der Leopard zum ersten Mal einen jungen afrikanischen Angestellten angegriffen und in
die Schulter gebissen hat. Bisher war J&B zwar hin
und wieder etwas brutal, wenn er beim Spielen
zu lebhaft wurde, aber man hatte ihn immer kon-
trollieren können. Natürlich ist er beeindruckend,
wie alle Leoparden, die von den professionellen
Jägern als die gefährlichsten Raubkatzen angesehen
werden. Ich habe viele Erfahrungen mit ihnen

gesammelt und weiß, dass sie auch gezähmt unberechenbar bleiben. Ich weiß auch, dass Leoparden sich in wahre Killermaschinen verwandeln können. Schlimmer noch als Löwen.

J&B lebt seit achtzehn Monaten auf der Ranch. Nachdem David Muller im vergangenen Jahr mehrere Rinder verloren hatte, machte er sich auf die Jagd nach dem Räuber. Die Spuren bestätigten die Identität des Schuldigen: ein mächtiger Leopard, den David mit viel Geschick erlegte. Dann entdeckte er im hohen Gras zwei Jungtiere, die gerade ein paar Wochen alt waren. Als Waisen waren sie ohne ihre Mutter zum Tode verurteilt. David gab das Weibchen einem Tierreservat und behielt das männliche Junge, das aussah wie eine dicke, unbeholfene Katze. Heute wiegt J&B mehr als vierzig Kilo.

Seit Tippi ihn kennt und mit ihm spielt, hat sie es immer geschafft, ihn zu beherrschen, auch wenn er über die Stränge schlug. Sie weiß, dass sie nicht weglaufen und ihm den Rücken zukehren darf, sondern ihm, wenn er aggressiv wird, direkt in die Augen schauen und einen Klaps auf den Kopf geben muss. Sie weiß genau, was sie sich erlauben darf und verspürt nicht die geringste Angst.

Einmal hat mich J&B von hinten angesprungen – nur um zu spielen! Dabei konnte ich mich von seiner Kraft überzeugen und mir deren Auswirkung bei einem kleinen Mädchen vorstellen. Seither fühle ich mich nicht mehr sehr wohl im Umgang mit dieser Raubkatze.

J&B ist auf dem Grundstück eingesperrt, das von einem fast drei Meter hohen Zaun umgeben ist. Seit dem Zwischenfall mit dem Afrikaner will David ihn erst einmal ein paar Tage beobachten. Diese Entscheidung beruhigt mich. Ich bin überzeugt, dass der Raubkatzeninstinkt stets die Oberhand gewinnt. Das Problem ist, dass man J&B nicht einfach in der Natur aussetzen kann. Er würde sofort zu den Ranches laufen, weil er den Kontakt mit Menschen gewöhnt ist und sie nicht fürchtet. Dort würde er die leichteste Beute jagen: das Vieh und bald auch den Menschen.

Wenn J&B gefährlich wird, muss er getötet werden. David, der ihn sehr gern hat, will jedoch nicht an diese Lösung denken.

»Bei dem Angriff gab es ein Zusammentreffen von unglücklichen Umständen. So etwas wird sich bestimmt nicht wiederholen. Mein Angestellter hat einen Fehler gemacht, vielleicht hat er J&B provoziert. Wer weiß, ob er ihn nicht auf die Palme gebracht hat?«

Während ich den besten Aufnahmewinkel suche und darauf achte, Tippi nicht zu stören, die ihr Chamäleon ausführt, schaut Sylvie hinter mir zu einer Gruppe afrikanischer Kinder, die etwas weiter entfernt spielen. Plötzlich schreit sie:

»Aber das ist doch J&B!«

Ich drehe mich um. Es ist tatsächlich der Leopard, den man im hohen Gras sieht.

»Ich wette, er ist uns gefolgt, um mit Tippi zu spielen. Aber wie ist er rausgekommen? Hast du das Tor aufgelassen?«

»Ganz bestimmt nicht. Siehst du, wie er sich bewegt?«

J&B ist in Jagdhaltung, er schleicht durch das Gras und fixiert die Kinder. Nein, er hat keine Lust, mit Tippi zu spielen. In der Sekunde, da wir die Gefahr erfassen, wirft er sich mit einem Satz auf die Gruppe, die auseinander rennt – der Fehler, den man niemals machen darf.

Der kleinste Junge klettert auf die Felsen auf der anderen Seite des Flussbetts. J&B verfolgt ihn, ist schon ganz dicht hinter ihm.

»Renn hin, Alain«, schreit Sylvie entsetzt, »geh dazwischen! Ich laufe zur Ranch und hole Hilfe.« Ich habe kein Gewehr, nicht mal ein Messer. Was kann ich machen, wenn J&B ausgerastet ist? Trotzdem sage ich:

»Tippi, du rührst dich nicht von der Stelle! Du passt gut auf Léon auf. Dadou kommt gleich wieder.« Sie sieht gar nicht erschreckt aus, und ich vertraue ihr. Ich laufe hinter J&B her. Dabei fühle ich mich eigentlich zu alt für solche Auftritte. Hinter den ersten Felsen bleibe ich stehen, um zu lauschen. Nichts. Kein Kinderschrei. Entweder hat sich der Kleine verstecken können oder die Katastrophe ist bereits passiert. Die Spuren zeigen, dass J&B mit vollem Tempo gerannt ist. Auch ich renne weiter, dann bleibe ich wieder stehen, weil ich die Spur verloren habe. Ich gehe um einen Dornenbusch herum, und da entdecke ich die beiden. Zu spät. Der kleine Körper liegt zusammengekrümmt in einer Blutlache. J&B ist über ihn geneigt, sieht mich aus dem Augenwinkel an und knurrt wie ein Hund, der seinen Futternapf verteidigt. Mir bleibt eine Sekunde, um mich zurückzuziehen, langsam, ohne ihm den Rücken zuzuwenden. Aber ich mache genau das Gegenteil und gehe nah genug an J&B heran, um ihm mit voller Kraft einen Tritt auf die Schnauze zu versetzen. Überrascht weicht er einen Meter zurück. Jetzt bücken, ganz, ganz langsam, ohne den Leoparden aus den Augen zu lassen. Ich taste nach dem Puls des Kindes. Er schlägt. Ein kurzer Blick auf den Verletzten, der kaum größer ist als Tippi. Seine Augen öffnen sich ein wenig. Entsetzt und flehentlich schaut er mich an, doch er schreit nicht. Der Kleine wäre beinahe von einem Leoparden getötet worden, aber als Afrikaner ergibt er sich in sein Schicksal. Ich hebe ihn auf, und seine kleinen Arme umklammern sogleich meinen Hals. Obwohl es wahrlich nicht der

Moment ist, kommen mir fast die Tränen. Wie kann er sich so an mich klammern, wie kann er sich überhaupt noch rühren nach dem, was er erleiden musste? Schulter und Oberkörper sind zerfetzt. Schon als ich die ersten Schritte rückwärts mache, bin ich blutüberströmt. Glücklicherweise ist noch etwas von dem zahmen J&B in der Raubkatze vor mir. Bei einem wilden Leoparden wäre ich längst tot. Aber ich habe wenig Hoffnung, zwei-, dreihundert Meter zurückzulegen, ohne dass er mich angreift. Dicht an den Boden gepresst, mit angelegten Ohren, gefletschten Zähnen und angespannten Muskeln, ein tiefes Grollen in der Kehle, folgt er mir, Schritt für Schritt. Er hat gejagt, er hat Blut geleckt, er will seine Beute. Immer wieder versuche ich, ihn anzusprechen, um ihn zu beruhigen, aber ich habe das Gefühl, dass er seinen Namen nicht mehr kennt. Im Moment hat er allein vor meiner Aggressivität Respekt und lauert auf den geringsten falschen Schritt. In den langen Minuten, die mich dem Flussbett näher bringen, muss ich wohl vom Wahnsinn gepackt sein, denn ich habe nicht mal Angst. Eiskalt analysiere ich die Situation, die nicht gerade berauschend ist.

Und Sylvie ist immer noch nicht zurück. Wo kann David nur sein? Blitzartig löst ein anderer Gedanke einen Adrenalinstoß aus: und Tippi? Als ich den Kopf ein wenig drehe, sehe ich sie auf mich zu rennen. Hauptsache J&B stürzt sich nicht auf sie! Im Moment ist er noch hypnotisiert von dem kleinen blutigen Körper. Er kommt näher und grollt immer lauter. Seine Augen sind nur noch ein funkelnder Spalt.

Plötzlich ist Tippi da, sie hält Léon in der Hand.

»Dadou, was ist denn mit dem kleinen Morning?«

»Es ist nicht schlimm, er ist zwischen die Felsen gestürzt.«

Zum ersten Mal lüge ich sie an: Sie darf vor allem nicht in Panik geraten. Mit erstaunter Miene, aber kein bisschen erschreckt geht sie an mir vorbei, ohne etwas zu sagen, tritt mit entschlossenem Schritt auf J&B zu, hebt die freie Hand, schlägt den Leoparden mit aller Kraft auf den Kopf und sagt ganz trocken: »Stop it, J&B!«

Mir bleibt das Herz stehen.

Die Raubkatze setzt sich hin, die Verkrampfung löst sich, die Ohren richten sich auf, und Tippi beginnt ihr den Hals zu kraulen. Sie ist wieder J&B. Der Albtraum ist vorbei.

In diesem Augenblick kommt Sylvie zurück. David folgt ihr. Ich renne ihnen entgegen. David nimmt den kleinen Afrikaner auf den Arm, sieht, dass keine Zeit zu verlieren ist und sagt, ohne mich zu fragen, was geschehen ist, mit seiner üblichen Kaltblütigkeit: »Ich fahre ins Krankenhaus. Davy muss J&B sofort zur Ranch zurückbringen.«

Am Fluss spielt Tippi mit Léon und explodiert jedes Mal vor Lachen, wenn er seine Zunge ausrollt, um eine Heuschrecke zu fangen. Davids Sohn Davy, ein athletischer Teenager, der den Leoparden sehr gut kennt, braucht eine halbe Stunde, um ihn wieder einzusperren, so große Mühe hat er, ihn zu bändigen. J&B ist immer noch aggressiv und zeigt bedrohliche Reaktionen … Als David aus dem Krankenhaus zurückkehrt, schläft Tippi bereits friedlich.

201

»Der Kleine kommt durch«, verkündet er, »mit einem Dutzend Nähten und einer Waggonladung Antibiotika. Alain, du hast ihm das Leben gerettet.« Ich erzähle ihm die ganze Geschichte.

»Wenn ich richtig verstehe, hat also Tippi J&B wieder beruhigt?«

»Genau in dem Moment, als er sich auf uns stürzen wollte. Er hatte den Tod in den Augen.«

»Deine Tochter ist wirklich einmalig! Ich frage mich, ob sie dir geglaubt hat, als du gesagt hast, der Kleine sei zwischen die Felsen gestürzt.«

»Sie sagt: ›Dadou lügt nie.‹ Sie glaubt mir immer. Außerdem habe ich sie noch nie zuvor angelogen.«

»Warum hat sie J&B dann geschlagen?«

»Vielleicht hat sie das Blut an seinem Maul gesehen …«

Am nächsten Tag ruft Tippi, kaum dass sie wach ist, nach J&B. Als wäre nichts geschehen, spielt sie mit dem Leoparden. Sie liebkost ihn, schubst ihn, legt ihm eine Leine um den Hals und will mit ihm spazieren gehen, als sei er ein großer Hund. Er bleibt liegen, leistet Widerstand, sie stemmt sich mit aller Kraft dagegen, um ihn zu zwingen. Er will das Spiel wiederholen. Als Tippi bemerkt, dass Sylvie und ich voller Sorge in der Nähe bleiben, um sie zu überwachen, meckert sie ein bisschen, dann vergisst sie uns. Sie wird nie wieder über den Unfall sprechen.

»Mein Freund J&B ist der stärkste Leopard der Welt«, erklärt sie allen Leuten.

Sylvie

Die allgemeine Regel, einem Tier stets in die Augen zu sehen, keine Angst zu zeigen und ihm niemals den Rücken zuzuwenden, hat Tippi nicht die geringste Mühe abverlangt: Sie hat vor gar nichts Angst. Unser Grundprinzip ist dagegen etwas nuancierter: Sich zwar vor nichts fürchten, aber immer misstrauisch sein. Für ein kleines sehr direktes, spontanes Mädchen ist das gar nicht so leicht, denn Tippi fühlt sich überall zu Hause. Vom Elefanten bis zum Chamäleon, über die unberechenbarste aller Kreaturen, den Menschen, sieht sie überall nur Freunde. Allerdings wahrt sie bei einem unbekannten Tier Abstand: eine Frage des Respekts und der Abwägung der Risiken.

Noch eine Lektion, die sie sehr früh begriffen hat: nichts wegwerfen, vor allem kein Essen, selbst der kleinste Krümel kann einem Vogel schmecken.

Und schließlich hat sie unser Leben inmitten von Gefahren auch daran gewöhnt, wie man mit Waffen umgeht. Ich habe sie gelehrt, niemals auf einen Menschen zu zielen, auch nicht mit einem Messer, nicht mal mit einem Spielzeug, ob nun Pistole, Plastikschwert oder auch nur der kleine Bogen, mit dem sie auf die Jagd geht. Ansonsten habe ich kein »Busch-Spezialrezept« für die Erziehung. Ich habe immer auf Höflichkeit bestanden, was das Verhältnis zu den Mitmenschen sehr erleichtert, und darauf geachtet, dass Tippi die wichtigsten Formeln in allen Sprachen kennt, die in ihrer Umgebung gesprochen werden. Sie hat eine Art »Dumela Ma« (Guten Tag, Madame) und »Dumela Ra« (Guten Tag, Monsieur) mit schön gerolltem »r« zu sagen, die alle Botswaner dahinschmelzen lässt.

Eigentlich bin ich nur in einem Punkt gescheitert: Schuhe. Als Tippi noch klein war, musste sie welche tragen. Sobald sie aber gelernt hatte, sie auszuziehen, begann der Kampf: Kaum angezogen, waren sie auch schon wieder weg. Mit Schuhen fühlt sich Tippi eingeengt. Also befreit sie sich. Um Schnitte und Stiche zu vermeiden, bestehe ich darauf. Vergeblich. Immer wieder sind die Füße nackt.

Am Feuer der Buschmänner

Alain

Am Ende unserer Fahrt durch den Süden Afrikas sind wir mit John verabredet. Eigentlich ist Tippi mit ihm verabredet. Das ist eine alte Geschichte, von der sie schon ewig träumt und die uns lange Zeit etwas ratlos machte. Doch seit dieser Reise, auf der uns Tippi mit Stompie und J&B, mit Léon und den anderen Tieren gezeigt hat, wozu sie in der Lage ist, erscheint uns Johns Idee fast logisch. Er hat Tippi ausgewählt, weil er in ihr Abus kleine Schwester sieht, die mit den Tieren »spricht«.

John lernten wir vor vier Jahren durch unseren Freund Paul Sheller kennen, der sich damals um die Gesellschaft zum Schutz der Kalahari kümmerte. Ich sehe die Szene noch vor mir.

»Sylvie! Alain! Ich bin verdammt froh, euch zu sehen!«

»Paul! Was treibst du denn so weit weg von deiner Basis?«

»Und ihr? Wo habt ihr Tippi versteckt?«

Tippi ist hinter dem Zaun verschwunden, über den sie gerade geklettert ist. Der Besuch auf der Terrasse des *Bistrot* gehört zum Pflichtprogramm in Maun. Wir sitzen ruhig vor unseren Gläsern, um Kraft zu tanken, ehe wir uns auf den Weg nach Santawani begeben. Und plötzlich steht Paul vor uns. Im Leben der Buschbewohner sind Freundschaften und

Verabredungen eine schwierige Sache. Wenn man irgendwo zu spät losfährt, sieht man sich monatelang nicht mehr wieder. Bei Paul ist es lange her … Während er herankommt, schaue ich ihn aufmerksam an. Er sieht wirklich schlecht aus.

»Du arbeitest zu viel, Paul. Das bekommt deinem Teint nicht. Du bist ganz grün.«

»Ich arbeite zu viel, aber vor allem bin ich gerade im Hubschrauber Fahrstuhl gefahren, davon ist mir ganz übel. Eine Stunde ständig hoch und runter! Ich habe mit John eine archäologische Fundstelle in der Kalahari gesucht.«

Er stellt uns seinen Begleiter John Hardbattle vor. Ein interessant aussehender Mann mit den asiatischen Zügen der San (Buschleute), hohen Wangenknochen und aprikosenfarbener Haut, aber von beeindruckender Größe, etwa 1,80 m, obwohl die Männer der Wüste selten größer als 1,50 m werden. Seine Mutter ist eine San, sein Vater Engländer. Als er Tippi entdeckt, bricht er in schallendes Lachen aus, das wie ihr Echo klingt.

Sie hängt sich sofort an seinen Hals und hört begeistert zu, als er sie in der Sprache der Buschleute begrüßt, jener berühmten Sprache, die von ständigem Schnalzen begleitet wird.

Das archaische Volk im Südwesten Afrikas, das möglicherweise aus der Mongolei stammt, wurde durch die zahlreichen Invasionen bis in die ungast-

lichsten Winkel seiner Heimat vertrieben. Seine letzte Zuflucht hat es dort gefunden, wo niemand leben kann, mitten in der Kalahari.

Sylvie

Wir trafen John ganz zufällig wieder – wobei der Zufall für ihn nur eine andere Form des Willens ist. Als wir in ein Flugzeug nach Frankreich stiegen, rief jemand unsere Namen: Es war John. Er hatte einen Fensterplatz und auf seinen Knien lag unser Buch *La Vallée des Meerkats*.
Alain ging in die Raucherzone, ich setzte mich mit Tippi neben John. Wir unterhielten uns die ganze Nacht. Mit seinen Geschichten öffnete er mir wie-

der die Türen zu meinem verlorenen Paradies, der Kalahari, und führte mich auf die Wege der San-Magie, wobei er mir auch von seinen eigenen spirituellen Erfahrungen erzählte.

Seine ersten bewussten Erinnerungen zeigen ihm Bilder von Buschleuten, die sich versammeln und ganze Tage um das Feuer der Familie seiner Mutter Xwa herumtanzen, der Sängerin, in die sich sein Vater Tom einst verliebte. Xwas Stimme ruft ihr Volk im Umkreis von mehreren Kilometern zu den rituellen Tänzen zusammen und begleitet es während dieser Zeremonie spiritueller Einheit. Die Frauen bilden einen ersten Kreis um das Feuer, die Männer einen zweiten, und alle fallen allmählich in eine

Trance, in der sie Kraft und Harmonie finden.

Bis zum Alter von sechs Jahren lebte John in der warmherzigen Gemeinschaft der Buschleute, in ständigem Kontakt mit der Natur. Dann wurde er, der Tradition folgend, seinem Vater anvertraut. Erst jetzt lernte er englisch. Als der Vater starb, wurden John, sein Bruder und seine beiden Schwestern nach England geschickt. Xwa blieb in Afrika und setzte ihr Nomadenleben fort. Bis zu dem Tag, da ihr Sohn erwachsen war und seinerseits dem Ruf Afrikas folgte. Er machte sich auf die Suche nach dem Stamm seiner Mutter, dem Nhara-Stamm der No'-Akwe, und fand sie nach monatelangen Nachforschungen. John, Xwa und mehrere Mitglieder ihres

Clans beschlossen, sich auf den 40.000 Hektar Land niederzulassen, die Tom in der Kalahari gekauft hatte. So wurden sie zu den einzigen Buschleuten, die offiziell das Land besitzen, auf dem sie leben. John will nicht zusehen, wie die Traditionen seiner Brüder verschwinden. Seine Geschichte hat ihn an die Grenze zwischen zwei Welten gestellt. Er hat den Vorteil, beide Sprachen zu sprechen, beide Kulturen zu kennen.

»Mein Platz ist ebenso am Feuer des Stammes meiner Mutter wie am Tisch des Volkes meines Vaters.« Am frühen Morgen plauderten John und ich immer noch. Wir stiegen in Paris aus, während er nach London weiterflog. Seitdem haben wir den Kontakt nie abreißen lassen. Per Telefon in seinem Büro, per Fax oder durch neue Begegnungen, manchmal unter recht seltsamen Umständen. So habe ich unseren kurzen, ungeplanten Aufenthalt im Hotel *Riley* in Maun nicht vergessen. Wir wollten gerade aufbrechen, das Gepäck war bereits unten und Tippi saß im Auto, als ich plötzlich das Gefühl hatte, ins Zimmer zurückgehen zu müssen, als hätte ich etwas Wichtiges vergessen. Aber was? Als ich die Tür aufmachte, begann das Telefon zu klingeln. Ich nahm ab und erkannte Johns Stimme.

»Hallo Sylvie. Ich hätte dich fast verpasst, stimmt's?«
»John? Wie hast du uns hier ausfindig gemacht? Woher weißt du, dass wir in Maun sind?«
»Ich weiß es … Tippi ist schon im Auto, nicht wahr?«

Die Buschleute lieben Kinder. John war sogleich von Tippi eingenommen. Als Kenner weiß er zu würdigen, wie sehr sie sich in das Leben Afrikas integriert, wo sie geboren ist. Mehrfach hat er uns gebeten, ihm ihre Geschichte mit Abu zu erzählen. Bei jeder Begegnung beobachtet er Tippi lange, hört ihr zu und lacht mit ihr.

In Ghanzi, auf seiner Kalahari-Farm, wo wir ihn 1994 besuchten, bestehen zwei Lebensweisen nebeneinander. Es gibt das Haus, das genauso aussieht, wie alle Farmerhäuser im Süden Afrikas, nicht sehr schön, aber praktisch und ziemlich bequem, mit dem Rest der Welt durchs Telefon verbunden. Und in der Ferne sieht man Menschen an einem Lagerfeuer, unter ihnen Johns Mutter. Als wir ankamen, rannte Tippi sofort zu den Kindern. Sie haben immer Zeit zum Spielen, Singen, Tanzen, Lachen, und wenn die Nacht hereinbricht, schlafen sie am Feuer ein, während sie den magischen Geschichten des Erzählers lauschen.

An jenem ersten Abend kam Tippi mit einem langen Akaziendorn im Fuß tränenüberströmt zu uns zurück, umringt von kleinen betretenen Gesichtern.

Aber auch dieser schmerzhafte Zwischenfall über-
zeugte sie nicht vom Vorteil des Schuhwerks: Sie
sah, dass ihre kleinen Freunde ebenfalls barfuß lie-
fen. Und mein Einwand, dass ihre Altersgenossen
schließlich schon zweihundert Wüstenpflanzen
kannten, beeindruckte sie nicht. Gut, dann würde
sie das auch lernen.

Gerührt schaute John zu, wie ich sie versorgte. Tippi
dachte nur daran, schnell zum Feuer zurückzulau-
fen. Die Kinder hatten sich verschüchtert hinter der
Couch versteckt, um auf sie zu warten, und man sah
nur ihre verschmitzten kleinen Gesichter hervorgu-
cken. Tippi machte ihnen Zeichen, und sie antwor-
teten. Sie war direkt in ihre Welt eingetreten, sie verstanden einander ohne Worte, und meine Tochter
würde wohl bald ihre Sprache lernen. Da verkündete John mit seinem lauten Lachen:

»Tippi, ich werde dir einen San-Namen geben. Für
uns wirst du Xwa sein. Du wirst zum Clan gehören,
und eines Tages übertrage ich dir unser Wissen.«

»Genial, du bist toll!«, rief Tippi.

Sie umarmte John, der ihr soeben den schönsten
Namen der Welt gegeben hatte, den Namen seiner
Mutter, dann verschwand sie mit ihren Brüdern in
der Nacht.

John hat das seltsame Versprechen, das er Tippi gegeben hat, niemals erklärt, aber er hat uns oft daran
erinnert. Seit diesem Tag erwartet er Xwa, um sie
seinem Volk vorzustellen und die geheimnisvolle
»Übertragung des Wissens« durchzuführen.

»Das ist ein altes Ritual«, war alles, was er sagte, als
wir Näheres darüber zu erfahren suchten. »Der
ganze Stamm feiert.«

Er erwartete uns also bei sich. Von dort würde er
uns zu einem Clan in eine der abgelegensten Regio-
nen der Zentralkalahari mitnehmen.

Wir brechen in Windhoek auf. Alles ist fertig, der Jeep beladen und Tippi außer sich vor Freude, die Buschleute wieder zu sehen und ihre Geheimnisse mit ihnen zu teilen. Kurz vor der Abfahrt wird uns das Reisegeld gestohlen, und wir müssen nach Frankreich zurückkehren, ohne John zu treffen. Die Monate vergehen. Sehr schnell fehlt uns etwas. Immer weniger halten wir es ohne Afrika aus. Ein Telefonanruf gibt uns den Rest: De Villiers teilt uns mit, dass er Rooipad behält. Er fand unsere Idee fantastisch. Das Haus in den Dünen wird zu einer Lodge für Jäger umgebaut, aber ohne uns. In einem Alltag, der von dem Versuch geprägt ist, erneut dem Weg unserer Träume zu folgen, lässt uns diese Geschichte, die wir für Tippi niederschreiben, den Reichtum unserer Reisen noch einmal erleben. Als wir unser Buch mit dem Porträt unserer Tochter als Buschprinzessin beenden wollen, die in den Pariser Asphaltdschungel verpflanzt wurde, erstaunt uns Tippis Verhalten. Ständig bringt sie von ihren Ausflügen seltsam geformte Holzstücke, Farnkräuter, Moosbüschel und Tannenzapfen mit. Als ich sie diese kleinen Schätze in ihren Rucksack stecken sehe, frage ich nach dem Grund.

»Das sind Zaubergeschenke.«

»Für wen denn?«

»Für die Buschmänner natürlich, für meine Brüder! Wann fahren wir wieder hin?«

Die Fotos stammen von Alain Degré
mit Ausnahme der Fotos auf den Seiten 94, 97, 136, 142, 164 (Alexandre Degré), 19, 27, 47, 61, 82, 163, 178 (Sylvie Robert), 100 (Michel Plassard), 169 (Polgachon)

Ullstein Verlag
Ullstein ist ein Verlag des Verlagshauses Ullstein Heyne List GmbH & Co. KG

ISBN 3-550-07525-1

Satz und Lithos: LVD GmbH, Berlin
Druck und Bindung: Mohn Media Mohndruck GmbH, Gütersloh